Mortalidad

Mortalidad

CHRISTOPHER HITCHENS

Traducción de
Daniel Gascón

Título original: *Mortality*

Publicado por acuerdo con los herederos del autor, c/o
BAROR INTERNATIONAL, INC., Armonk, Nueva York, EE.UU.

Primera edición: octubre de 2012

© 2012, Herederos de Christopher Hitchens
© 2012, Random House Mondadori, S. A.
   Travessera de Gràcia, 47-49. 08021 Barcelona
© 2012, Daniel Rodríguez Gascón, por la traducción
© 2012, Carol Blue, por el epílogo

Printed in Spain – Impreso en España

ISBN: 978-84-9992-218-8
Depósito legal: B-20.851-2012

Compuesto en Fotocomposición 2000, S. A.
Impreso en Gráficas Gómez Boj, S. A.
Cl. El Pla, 39
08750 Molins de Rei
(Barcelona)

Encuadernado en Baró Siglo XXI

C 9 2 2 1 8 8

Un agradecido reconocimiento
a *Vanity Fair*, donde apareció por primera vez
buena parte de este libro,
en una versión algo distinta.

I

Me he despertado más de una vez sintiendo que me moría. Pero nada me había preparado para la mañana de junio en la que, al recobrar la conciencia, me sentí como si de verdad estuviera encadenado a mi propio cadáver. Toda la cavidad de mi pecho y mi tórax parecía haberse vaciado y después llenado con cemento de secado lento. Me oía respirar débilmente, pero no podía llenar de aire los pulmones. Mi corazón latía demasiado deprisa o demasiado despacio. Cualquier movimiento, por pequeño que fuera, requería premeditación y planificación. Me exigió un esfuerzo extenuante cruzar la habitación de mi hotel de Nueva York y llamar a los servicios de urgencias. Llegaron con gran rapidez y se comportaron con inmensa cortesía y profesionalidad. Tuve tiempo de preguntarme para qué necesitaban tantas botas y cascos y tanto pesado equipamiento de apoyo, pero ahora que visualizo la escena retrospectivamente la veo como una deportación muy amable y firme, que me llevó desde el país de los sanos a la frontera inhóspita del territorio de la enfermedad. En unas horas, tras realizar una buena cantidad de trabajo en mi corazón y mis pulmones, los médicos de ese triste puesto fronterizo me habían enseñado unas cuantas postales del interior, y me habían dicho que mi siguiente e inmediata parada tendría que ser con un oncólogo. Alguna clase de sombra se proyectaba en los negativos.

La tarde anterior, había presentado mi último libro con una exitosa celebración en New Haven. La noche que siguió a esa terrible mañana debía ir a *The Daily Show* con Jon Stewart y luego acudir a un debate público con Salman Rushdie en la calle Noventa y dos. Y, en el Upper East Side, para el que se habían agotado las entradas. Mi brevísima campaña de negación asumió esta forma: no anularía esas citas ni decepcionaría a mis amigos, ni perdería la oportunidad de vender un montón de libros. Logré asistir a los dos actos sin que nadie percibiera nada extraño, aunque vomité dos veces, con una extraordinaria combinación de precisión, limpieza, violencia y profusión, justo antes de cada evento. Eso es lo que los ciudadanos del país enfermo hacen cuando siguen aferrándose desesperadamente a su viejo domicilio.

El nuevo país es bastante acogedor a su manera. Todo el mundo sonríe para darte ánimos y parece que no hay absolutamente nada de racismo. Prevalece un espíritu en general igualitario y es obvio que quienes dirigen el lugar han llegado hasta allí a base de mérito y trabajo duro. Frente a eso, el humor es algo flojo y repetitivo, parece que casi no se habla de sexo y la comida es peor que la de cualquier destino que haya visitado nunca. El país tiene un idioma propio —una *lingua franca* que consigue ser insulsa y difícil y contiene nombres como ondansetrón, un medicamento contra las náuseas—, así como algunos gestos perturbadores a los que hay que acostumbrarse. Por ejemplo, un funcionario que acabas de conocer puede hundir abruptamente sus dedos en tu cuello. Así descubrí que el cáncer se había extendido a mis nódulos linfáticos, y que una de esas bellezas deformes —situada en mi clavícula derecha— era lo bastante grande como para verla y tocarla. No es del todo bueno que tu cáncer resulte «palpable» desde el exterior. Especialmente cuando, a esas alturas, ni siquiera se sabía cuál era la fuente primaria. El carcinoma trabaja astutamente desde el interior hacia el exterior. La detección y el tratamiento trabajan a menudo más despacio y a tientas, desde el exterior hacia el interior. Se hundieron muchas agujas en la zona de mi clavícula —«El tejido es la cuestión» es un eslogan de moda en la lengua local de Villa Tumor— y me dijeron que los resultados de la biopsia podrían tardar una semana.

Operando a partir de las células escamosas infestadas por el cáncer que habían revelado esos primeros resultados, descubrir la verdad desagradable llevó bastante más que eso. La palabra «metastático» fue la primera que me llamó la atención. El cuerpo extraño había colonizado un poco del pulmón y bastante del nódulo linfático. Y su base de operaciones original estaba situada —llevaba una buena temporada allí— en el esófago. Mi padre había muerto, y muy deprisa, de cáncer de esófago.

Tenía setenta y nueve años. Yo tengo sesenta y uno. En cualquier tipo de «carrera» que pueda ser la vida, me he convertido abruptamente en finalista.

El conocido modelo de las etapas de Elisabeth Kübler-Ross, según el cual uno progresa de la negación a la ira y luego pasa de la negociación y la depresión hasta la bendición final de la «aceptación», no se ha aplicado mucho en mi caso por el momento. En cierto modo, supongo, he estado «negando» durante un tiempo, quemando a sabiendas la vela por sus dos extremos y descubriendo que a menudo produce una luz preciosa. Pero, precisamente por esa razón, no me veo golpeándome la frente conmocionado ni me oigo gimotear sobre lo injusto que es todo: he retado a la Parca a que alargue libremente su guadaña hacia mí y ahora he sucumbido a algo tan previsible y banal que me resulta incluso aburrido. La ira estaría fuera de lugar por la misma razón. En cambio, me oprime terriblemente la persistente sensación de desperdicio. Tenía auténticos planes para mi próximo decenio y me parecía que había trabajado lo bastante como para ganármelo. ¿Realmente no viviré lo suficiente para ver cómo se casan mis hijos? ¿Para ver cómo el World Trade Center se alza de nuevo? ¿Para leer —si no escribir— las necrologías de viejos villanos como Henry Kissinger y Joseph Ratzinger? Pero entiendo esta clase de no pensamiento como lo que es: sentimentalismo y autocompasión. Por supuesto, mi libro entró en la lista de los más vendidos el día que recibí el más sombrío de los boletines informativos, y el último vuelo que hice como persona que se siente sana (para dirigirme a un público numeroso y estupendo en la Feria del Libro de Chicago) fue el que me convirtió en un *million miler* de United Airlines, lo que me ofrecía la perspectiva ilusionante de toda una vida de ascensos de categoría gratuitos. Pero la ironía es mi oficio y aquí no veo ninguna ironía: ¿habría sido menos patético tener cáncer el día que mis memorias se hubieran saldado por ser un fracaso de ventas, o cuando me hubieran echado de un asiento de clase turista y me hubiesen abandonado en la pista de despegue? A la pregunta estúpida de «¿Por qué yo?» el cosmos apenas se molesta en responder «¿Por qué no?».

Y ahora llega la etapa de la negociación. Quizá ahí haya una laguna. La negociación oncológica es que, a cambio de al menos la oportunidad de unos cuantos años útiles más, aceptas someterte a la quimioterapia y luego, si tienes suerte con eso, a la radiación e incluso la cirugía. Así que ahí va la apuesta: te quedas por aquí un tiempo, pero a cambio vamos a necesitar unas cosas tuyas. Esas cosas pueden incluir tus papilas gustativas, tu capacidad de concentración, tu capacidad de digerir y el pelo de tu cabeza. Sin duda, parece un intercambio razonable. Desgraciadamente, también entraña afrontar uno de los clichés más atractivos de nuestro idioma. Lo has oído. La gente no tiene cáncer: se informa de que luchan contra el cáncer. Ninguna persona que te comunique sus buenos deseos omite la imagen combativa: puedes vencerlo. Está incluso en las necrologías de quienes pierden contra el cáncer, como si se pudiera decir razonablemente que murieron tras una lucha larga y valiente contra la mortalidad. No se oye cuando se habla de personas que padecieron del corazón o el riñón durante mucho tiempo.

A mí me encanta el imaginario de la lucha. A veces desearía estar sufriendo por una buena causa, o arriesgando mi vida por el bien de los demás, en vez de ser solo un paciente en grave peligro. Permite que te informe, sin embargo, de que, cuando te sientas en una habitación con otros finalistas, y personas amables te traen una enorme y transparente bolsa de veneno y la enchufan en tu brazo, y lees o no lees un libro mientras el saco de veneno gradualmente se vacía en tu cuerpo, la imagen del soldado o el revolucionario es la última que se te ocurre. Te sientes inundado de pasividad e incapacidad: te disuelves en la impotencia como un terrón de azúcar en el agua.

Este veneno químico es algo especial. Me ha hecho perder unos seis kilos, sin hacer que me sienta más ligero. Ha borrado una feroz erupción que tenía en las espinillas y ningún médico pudo nunca identificar, no digamos curar. (Un buen veneno, para eliminar sin lucha esos furiosos puntos rojos.) Ojalá sea mezquino e inmisericorde con el extraño y sus crecientes colonias en zonas muertas. Pero, frente a eso, el asunto de tratar con la muerte y preservar la vida también me ha vuelto extrañamente asexuado. Estaba bastante hecho a la idea de perder el pelo, que empezó a caerse en la ducha a las dos semanas de tratamiento, y que guardé en una bolsa de plástico para que ayudase a llenar una presa flotante en el golfo de México. Pero no estaba preparado para el modo en que la cuchilla de afeitar se deslizaría de repente sin sentido por mi cara, incapaz de encontrar un rastrojo. O para el modo en que mi recientemente suave labio superior empezaría a tener aspecto de haber pasado por la electrólisis, haciendo que me pareciera a la tía soltera de alguien. (El pelo en el pecho que fue la alegría de dos continentes todavía no se ha marchitado, pero ha habido que afeitar tantas partes para efectuar incisiones hospitalarias que se ha convertido en algo bastante irregular.) Me siento perturbadoramente desnaturalizado. Si Penélope Cruz fuera una de mis enfermeras, ni siquiera me daría cuenta. En la guerra contra Tánatos, si hemos de llamarla guerra, la pérdida inmediata de Eros es un enorme sacrificio inicial.

Estas son mis primeras reacciones a la enfermedad. Estoy tranquilamente decidido a resistir físicamente lo mejor que pueda y a buscar los consejos más avanzados. Mi corazón, mi presión sanguínea y muchos otros registros han vuelto a ser fuertes; de hecho, se me ocurre que si no hubiera tenido una constitución tan robusta, quizá habría llevado una vida mucho más saludable hasta ahora. Contra mí está el extraño ciego y carente de emociones, aplaudido por muchos que hace tiempo que me quieren mal. Pero en el lado de la continuación de mi vida hay un grupo de médicos brillantes y desinteresados y un asombroso número de grupos de oración. Sobre ambos espero escribir la próxima vez si —como decía invariablemente mi padre— me salvo.

II

Cuando describí el tumor en mi esófago como un «extraño ciego y carente de emociones», supongo que ni siquiera yo pude evitar concederle algunas de las cualidades de un ser vivo. Por lo menos sé que es un error: un ejemplo de la «falacia patética» (furiosa nube, montaña orgullosa, presuntuoso beaujolais), que consiste en atribuir cualidades animadas a fenómenos inanimados. Para existir, un cáncer necesita un organismo vivo, pero no puede jamás *convertirse* en un organismo vivo. Toda su malicia —allá voy, otra vez— radica en el hecho de que lo «mejor» que puede hacer es morir con su anfitrión. Eso, o su anfitrión encontrará las medidas para erradicarlo y sobrevivir.

Pero, como ya sabía antes de enfermar, hay algunas personas que consideran que esta explicación es poco satisfactoria. Para ellos, un carcinoma es un agente dedicado y consciente, un lento asesino suicida que realiza una misión consagrada desde el cielo. No has vivido, si puedo decirlo así, hasta que has leído textos de este tipo en las páginas web de los fieles:

> ¿Quién más piensa que el hecho de que Christopher Hitchens tenga un cáncer terminal de garganta [*sic*] es la venganza de Dios por haber usado la voz para blasfemar? A los ateos les gusta ignorar los HECHOS. Les gusta actuar como si todo fuera una «coincidencia». ¿En serio? ¿Es solo una «coincidencia» [que], de todas las partes de su cuerpo, Christopher Hitchens tenga cáncer en la parte del cuerpo que usó para la blasfemia? Sí, seguid creyendo eso, ateos. Va a retorcerse de agonía y dolor, y se marchitará hasta desaparecer y tener una muerte horrible, y DESPUÉS viene la verdadera diversión, cuando vaya al FUEGO INFERNAL y sufra eternamente la tortura y el fuego.

Existen numerosos pasajes de los textos sagrados y la tradición religiosa que durante siglos convirtieron este tipo de regodeo en una creencia generalizada. Mucho antes de que me afectara en particular había entendido las objeciones obvias. En primer lugar, ¿qué mero primate está tan condenadamente seguro de que puede conocer la mente de dios? En segundo lugar, ¿ese autor anónimo quiere que sus opiniones sean leídas por mis hijos, que no han cometido ninguna ofensa y también están pasando un momento complicado, gracias al mismo dios? En tercer lugar, ¿por qué no lanzar sobre mí un rayo, o algo así de imponente? La vengativa deidad tiene un arsenal tristemente empobrecido si todo lo que se le ocurre es exactamente el cáncer que mi edad y anterior «estilo de vida» indicarían que podría tener. En cuarto lugar, ¿por qué el cáncer? Casi todos los hombres contraen cáncer de próstata si viven lo suficiente: es algo indigno, pero está distribuido de manera uniforme entre santos y pecadores, creyentes y no creyentes. Si uno sostiene que dios asigna los cánceres adecuados, también debe contar la cantidad de niños pequeños que mueren de leucemia. Personas devotas han muerto jóvenes y con dolor. Bertrand Russell y Voltaire, por el contrario, se mantuvieron en activo hasta el final, al igual que muchos criminales y tiranos psicópatas. Esos castigos, por tanto, parecen tremendamente azarosos. Voy a aclarar algo al correspondiente cristiano que he citado antes: mi garganta, hasta ahora libre de cáncer, no es *en absoluto* el único órgano con el que he blasfemado… Y, aunque mi voz se vaya antes que yo, seguiré escribiendo contra los espejismos de las religiones hasta que, como en la canción de Simon and Garfunkel, sea *hello darkness my old friend*. Y, en ese caso, ¿por qué no cáncer de cerebro? Convertido en un imbécil aterrorizado y semiconsciente, quizá podría pedir un sacerdote cuando llegara la hora del cierre, aunque aquí declaro, todavía lúcido, que la entidad que se humille a sí misma de ese modo no seré «yo». (Ten esto en mente, por si oyes rumores o fabulaciones.)

El hecho absorbente de estar mortalmente enfermo es que dedicas mucho tiempo a prepararte para morir con un mínimo de estoicismo (y con provisiones para tus seres queridos), mientras que al mismo tiempo estás muy interesado en el asunto de la supervivencia. Es una forma especialmente extraña de «vivir» —abogados por la mañana y médicos por la tarde— y significa que uno tiene que existir —incluso más de lo habitual— en un doble marco mental. Lo mismo les pasa, al parecer, a quienes rezan por mí. Y la mayoría de ellos son tan «religiosos» como el tipo que quiere que sea torturado aquí y ahora —lo que me pasará aunque al final me recupere— y después torturado para siempre si *no* me recupero o, presumible y definitivamente, aunque lo haga.

De la halagadora y sorprendente cantidad de gente que me escribió cuando caí enfermo, muy pocos han dejado de decir una de estas dos cosas. Me aseguran que no me ofenderán ofreciendo oraciones o insisten tiernamente en que rezarán de todos modos. Páginas web religiosas han dedicado un espacio especial a la cuestión. (Si vas a leerlo a tiempo, recuerda que el 20 de septiembre ya ha sido designado «Día de Oración por Hitchens».) Pat Archbold, en el *National Catholic Register*, y el diácono Greg Kandra se encuentran entre los católicos romanos que me consideraron digno de sus oraciones. El rabino David Wolpe, autor de *Why Faith Matters* y líder de una congregación importante en Los Ángeles, dijo lo mismo. Ha participado conmigo en debates, al igual que varios protestantes evangélicos conservadores, como el pastor Douglas Wilson del New Saint Andrews College y Larry Taunton de la Fixed Point Foundation de Birmingham, Alabama. Ambos escribieron para decir que sus congregaciones estaban rezando por mí. Y fueron los primeros a los que se me ocurrió responder preguntando: ¿rezando para qué?

Al igual que muchos de los católicos que rezan tanto para que vea la luz como para que me recupere, fueron muy sinceros. La salvación era el asunto principal. «Estamos, sin duda, preocupados por su salud, pero es una consideración muy secundaria. Porque, "¿qué provecho sacará un hombre con ganar el mundo entero si malogra su vida?"» (Mateo 16,26). Eso dijo Larry Taunton. El pastor Wilson respondió que cuando se enteró de la noticia rezó por tres cosas: por que yo venciera la enfermedad, por que hiciera las paces con la eternidad, y por que mientras tanto volviéramos a encontrarnos. No pudo evitar añadir, algo traviesamente, que la tercera oración ya había sido respondida...

Así que hay algunos católicos, judíos y protestantes bastante respetables que piensan que en algún sentido de la palabra merezco la salvación. La facción musulmana ha estado más callada. Un amigo iraní ha pedido que se rece por mí en la tumba de Omar Jayyam, poeta supremo de los librepensadores persas. El vídeo de YouTube que anuncia el día dedicado a la intercesión en mi favor suena acompañado de la canción «I Think I See the Light», interpretada por el mismo Cat Stevens que, como Yusuf Islam, aprobó la llamada histérica de la teocracia iraní para asesinar a mi amigo Salman Rushdie. (La letra banal de su canción pseudoedificante, por cierto, parece estar dirigida a una chica.) Y este aparente ecumenismo también tiene otras contradicciones. Si anunciara una súbita conversión al catolicismo, sé que Larry Wilson y Douglas Taunton lo considerarían un grave error. Por otra parte, si me uniera a cualquiera de sus grupos evangélicos protestantes, los seguidores de Roma no pensarían que mi alma estaría mucho más segura que ahora, mientras que una tardía decisión de adherirme al judaísmo o al islam me privaría inevitablemente de muchas oraciones de ambas facciones. Simpatizo de nuevo con el poderoso Voltaire: cuando en su lecho de muerte lo importunaban y le pedían que renunciara al diablo, murmuró que no era momento de hacer enemigos.

El físico y premio Nobel danés Niels Bohr colgó una herradura encima de su puerta. Sus consternados amigos le dijeron que esperaban que no depositara ninguna confianza en esa patética superstición. «No, yo no —respondió serenamente—, pero al parecer funciona igual creas o no creas.» Esa podría ser la conclusión más segura. La investigación más completa sobre el tema que se ha realizado —el «Estudio de los efectos terapéuticos de la oración de intercesión», que data de 2006— no pudo hallar correlación alguna entre el número y la regularidad de las oraciones ofrecidas y la probabilidad de que la persona por la que se rezaba tuviera más oportunidades. Sin embargo, se encontró una pequeña pero interesante correlación *negativa*: algunos pacientes sufrían una ligera aflicción adicional cuando no manifestaban ninguna mejoría. Sentían que habían decepcionado a sus devotos seguidores. Y la moral es otro factor no cuantificable en la supervivencia. Ahora lo entiendo mejor que cuando lo leí por primera vez. Un gran número de amigos laicos y ateos me han dicho cosas estimulantes y halagadoras como: «Si alguien puede vencer a esto, eres tú», «El cáncer no tiene ninguna oportunidad contra ti», «Sabemos que puedes con esto». En días malos, e incluso en días mejores, estas exhortaciones pueden tener un efecto vagamente deprimente. Si muero, decepcionaré a todos esos camaradas. También se me ocurre un problema laico: ¿y si salgo adelante y la facción piadosa clama alegremente que sus plegarias han sido atendidas? Eso sería un poco irritante.

He dejado al mejor de los fieles para el final. El doctor Francis Collins es uno de los mejores estadounidenses vivos. Es el hombre que llevó el Proyecto Genoma Humano a su terminación, en menos tiempo y con un gasto menor del previsto, y ahora dirige los Institutos Nacionales de la Salud. En su trabajo sobre los orígenes genéticos del trastorno, ayudó a descifrar las «erratas» que provocan catástrofes como la fibrosis quística y la enfermedad de Huntington. Ahora está trabajando en las increíbles propiedades curativas latentes en las células madre y en los tratamientos «dirigidos» a los genes. Este gran humanista es además un apasionado de la obra de C. S. Lewis y en su libro *¿Cómo habla Dios?* ha tratado de hacer la ciencia compatible con la fe. (Este pequeño volumen contiene un capítulo admirablemente conciso que informa a los fundamentalistas que el debate acerca de la evolución ha terminado, sobre todo porque no *hay* ningún debate.) Conozco a Francis por varias discusiones públicas y privadas sobre la religión. Ha tenido la gentileza de visitarme en su tiempo libre y de discutir todo tipo de tratamientos novedosos, que hace poco eran inimaginables, y se podrían aplicar a mi caso. Y, por decirlo así, no ha sugerido la oración, y yo no le he hecho bromas acerca de *Cartas del diablo a su sobrino*. Así que los que quieren que tenga una muerte horrible rezan para que los esfuerzos de nuestro médico cristiano más generoso se vean frustrados. ¿Quién es el doctor Collins para interferir en los designios divinos? Por un giro similar, los que quieren que arda en el infierno también se burlan de ese hombre religioso y querido que no me considera tan irremediablemente malvado. Dejo estas paradojas a aquellos, amigos y enemigos, que todavía veneran lo sobrenatural.

Siguiendo el hilo de la oración a través del laberinto de la web, finalmente he encontrado un extraño vídeo sobre «apuestas». Invita a potenciales apostadores a jugarse dinero sobre la posibilidad de que repudie mi ateísmo y abrace la religión en una fecha determinada y la posibilidad de que continúe afirmando mi incredulidad y asuma las infernales consecuencias. Quizá no sea tan bajo o desagradable como puede parecer. Uno de los defensores más cerebrales del cristianismo, Blaise Pascal, ya redujo los elementos esenciales a una apuesta en el siglo XVII. Pon tu fe en el todopoderoso, propuso, y quizá lo ganes todo. Rechaza la oferta celestial y lo pierdes todo si la moneda cae en sentido contrario. (Algunos filósofos lo llaman Gambito de Pascal.)

Por ingenioso que el razonamiento completo de su ensayo pueda parecer —fue uno de los fundadores de la teoría de la probabilidad—, Pascal asume un dios cínico y un ser humano de abyecto oportunismo. Supongamos que abandono los principios que he tenido durante toda mi vida con la esperanza de ganarme un favor en el último minuto. Espero y confío en que ninguna persona seria admire esa actuación fraudulenta. Mientras tanto, el dios que premiaría la cobardía y la falta de honradez y castigaría las dudas irreconciliables está entre los muchos dioses en los que (¿en quienes?) no creo. No quiero mostrarme grosero ante las buenas intenciones, pero cuando llegue el 20 de septiembre, no te preocupes por ensordecer al cielo con tus gritos inútiles. A menos, claro, que eso *te* haga sentir mejor.

Muchos lectores están familiarizados con la letra y el espíritu de la definición de «oración» que da Ambrose Bierce en su *Diccionario del diablo*. Dice así, y es extremadamente fácil de entender:

> ORACIÓN: una solicitud de que las leyes de la naturaleza se suspendan en beneficio del solicitante, que confiesa no merecerlo.

Todo el mundo puede ver el chiste alojado en la entrada: el hombre que reza es el mismo que piensa que dios lo ha organizado todo mal, pero también piensa que puede instruir a dios sobre la forma de arreglarlo. Semienterrada en la contradicción se encuentra la siniestra idea de que no hay nadie responsable, o nadie con la menor autoridad moral. La llamada a la oración se anula a sí misma. Aquellos de nosotros que no participamos en ella justificaremos nuestra abstención sobre la base de que no necesitamos, ni queremos, someternos al fútil proceso de la reafirmación continua. O nuestras convicciones son en sí suficientes o no lo son: en ningún caso requieren ponerse en pie entre una multitud y pronunciar conjuros constantes y uniformes. Una religión ordena que esto suceda cinco veces al día, y otros monoteístas casi el mismo número de ocasiones, mientras que todas las confesiones reservan al menos un día al elogio exclusivo del Señor, y el judaísmo parece consistir, en su constitución original, en una enorme lista de prohibiciones, que hay que seguir por encima de cualquier otra cosa.

El tono de las oraciones replica la tontería del mandato, ya que a dios se le pide o se le agradece lo que iba a hacer de todos modos. Así, el varón judío comienza cada uno de sus días agradeciéndole a dios que no lo haya hecho mujer (o gentil), mientras que la mujer judía se contenta con dar las gracias al todopoderoso por crearla «tal como es». Presumiblemente, al todopoderoso le agrada recibir este homenaje a su poder y la aprobación de los seres que ha creado. Solo que, si es de verdad todopoderoso, el logro parece bastante pequeño.

Algo muy parecido ocurre con la idea de que la oración, en vez de hacer que el cristianismo parezca idiota, hace que parezca convincente. (Hoy nos limitaremos al cristianismo.) Ahora bien, se puede afirmar con cierta confianza, en primer lugar, que su deidad es omnisciente y omnipotente y, en segundo lugar, que sus fieles se hallan en desesperada necesidad de la sabiduría y poder infinitos de esa deidad. Por dar algunas citas elementales, así se afirma en la Epístola a los Filipenses 4,6: «No os afanéis por nada, sino que, en toda ocasión, en la oración y súplica, con acción de gracias, vuestras peticiones sean públicamente presentadas a Dios». Deuteronomio 32,4 proclama que «Él es la roca; sus obras son perfectas», e Isaías 64,7 nos dice: «Yahvé, tú eres nuestro padre. Nosotros somos la arcilla y tú el alfarero, obra de tus manos todos nosotros». Observa, entonces, que el cristianismo insiste en la absoluta dependencia del rebaño, y solo después en la ofrenda de elogios y agradecimientos. Una persona que use el tiempo de oración para pedir que se arregle el mundo, o para suplicar a dios que le conceda un favor, sería en efecto culpable de una profunda blasfemia o, como mínimo, de un malentendido patético. Y eso, es triste decirlo, expone a la religión al cargo adicional de corrupción. Los líderes de la iglesia saben perfectamente que la oración no busca gratificar a los fieles. Así que, cada vez que aceptan un donativo a cambio de alguna petición, aceptan una grosera negación de su fe: una fe que depende de la aceptación pasiva de los fieles y no de que hagan peticiones para mejorar su situación. Finalmente, y tras una disputa amarga y cismática, se abandonaron prácticas como la infame «venta de indulgencias». Pero muchas hermosas basílicas y capillas no estarían hoy en pie si esa espantosa violación *no* hubiera producido unos beneficios tan espectacularmente buenos.

Y hoy es bastante fácil ver, en las reuniones de reavivamiento de los fundamentalistas protestantes, cómo se cuentan los cheques y billetes antes de que el predicador haya terminado la imposición de manos. De nuevo, el espectáculo es desvergonzado, y en algunos sentidos los calvinistas han sustituido a Roma como los recaudadores de fondos sagrados más exorbitantes. Y —antes de que nos quedemos sin contradicciones— parece doblemente absurdo que un calvinista se interese por la intercesión divina. La constitución fundadora de la iglesia presbiteriana proclamó en Filadelfia unas palabras célebres: «Por decreto de Dios, para la manifestación de su gloria, algunos hombres y ángeles están predestinados a una vida eterna y otros están designados para una muerte eterna […] sin ninguna previsión de fe o buenas obras, o perseverancia en ninguna de ellas, o por cualquier otra cosa en la criatura como condiciones». Por decirlo claramente, eso significa que no importa que intentes llevar una vida santa, ni siquiera que tengas éxito al hacerlo. Un capricho arbitrario seguirá determinando que recibas o no una recompensa celestial. En esas circunstancias, la vacuidad de la oración es casi una cuestión menor. Más allá de esa futilidad de poca importancia, la religión que trata a su rebaño como un juguete crédulo ofrece uno de los espectáculos más crueles que puedan imaginarse: un ser humano consumido por el miedo y la duda, abiertamente explotado para creer en lo imposible. Por tanto, en el debate sobre la oración, por favor no te escandalices si somos los ateos los que ofrecemos la mirada de conmiseración en el momento en que una crisis moral se cierne sobre el horizonte.

III

Imagino que debería cuidar de sí misma y meterse en un congelador; seguro que en un año o dos inventan una pastilla que lo curará como si fuera un resfriado común. Ya sabes, alguna de esas cortisonas, pero el médico dice que no se sabe si los efectos secundarios pueden ser peores. Ya sabes: la C mayúscula. Mi opinión es: aprovecha la oportunidad, están a punto de acabar con el cáncer de todos modos y dentro de poco con esos trasplantes podrán reemplazar todo tu interior.

ANGSTRUM, padre, en
El regreso de Conejo de John Updike
(1971)

La novela de Updike transcurría en lo que podríamos llamar los años optimistas de la administración de Nixon: la época de la misión Apolo y el nacimiento de esa expresión sobre la capacidad de los estadounidenses para hacer cualquier cosa que empieza: «Si hemos podido llevar al hombre a la Luna…». En enero de 1971, los senadores Kennedy y Javits promovieron la Ley de la Conquista del Cáncer, y en diciembre de ese año Richard Nixon convirtió algo que se le parecía en legislación y le concedió enormes asignaciones federales. Se hablaba de una «guerra contra el cáncer».

Cuatro décadas más tarde, otras gloriosas «guerras» contra la pobreza, las drogas y el terrorismo se combinan para burlarse de esa retórica, y, cada vez que me animan a «luchar» contra mi propio tumor, no puedo evitar la sensación de que es el cáncer quien guerrea contra mí. El temor con el que se habla de la enfermedad —«la C mayúscula»— sigue siendo casi supersticioso. También lo es la esperanza siempre susurrada de un nuevo tratamiento o cura.

En su famoso ensayo sobre Hollywood, Pauline Kael lo describió como un lugar donde podías morir a causa de los ánimos que te daban. Quizá todavía sea cierto en Hollywood; a veces, en Villa Tumor sientes que puedes morir a fuerza de *consejos*. Muchos llegan gratis y sin que uno los solicite. Debo, sin demora, comenzar a ingerir la esencia granulada de la semilla del melocotón (¿o es el albaricoque?), un remedio soberano que las civilizaciones antiguas conocían bien, pero que ahora ocultan los codiciosos médicos modernos. Otro interlocutor recomendaba grandes dosis de testosterona, quizá como inyección de moral. Tengo que encontrar la manera de abrir ciertos chacras y alcanzar un adecuado y receptivo estado mental. Dietas macrobióticas o estrictamente vegetarianas serán todo lo que necesitaré para nutrirme durante esta experiencia. Y no te rías del pobre señor Angstrom: me han escrito de una famosa universidad para sugerirme que me congele criónica o criogénicamente a fin de evitar el día de la llegada de la bala mágica, o lo que sea. (Cuando no respondí, recibí una segunda misiva, que sugería que al menos me congelara el cerebro para que la posteridad pudiera estudiar mi córtex. Bueno, vaya, cielos, muchísimas gracias.) Y frente a todo eso, recibí una amable nota de una amiga cheyenne-arapahoe, donde decía que toda la gente que conocía y había recurrido a los remedios tribales había muerto casi de inmediato, y aseguraba que, si alguien me ofrecía un medicamento nativo americano, debía «marcharme tan rápido como fuera posible en la dirección opuesta». Algunos consejos son verdaderamente útiles.

Incluso en el mundo de la cordura y la modernidad, sin embargo, muchos no lo son. Personas extremadamente bien informadas se ponen en contacto conmigo e insisten en que en realidad solo hay un médico, o solo una clínica. Esos médicos y sus instalaciones están tan distantes entre sí como Cleveland y Tokio. Aunque tuviera mi propio avión, nunca podría estar seguro de haberlo intentado con todo el mundo, ni con todos los tratamientos. Los ciudadanos de Villa Tumor sufren el asalto constante de curaciones y rumores de curaciones. De hecho, fui a una palaciega clínica en la parte más rica de la ciudad, que no voy a nombrar, porque todo lo que obtuve fue una exposición larga y aburrida de lo que ya sabía (mientras estaba acostado en una de las legendarias camillas del establecimiento), más una hinchazón que en poco tiempo duplicó el tamaño de mi mano izquierda: algo del todo superfluo incluso para mis necesidades precancerosas, pero una verdadera molestia para alguien con un sistema inmunológico químicamente deprimido.

Con todo, este es un momento optimista y melancólico para tener un cáncer como el mío. Optimista, porque mi tranquilo y erudito oncólogo, el doctor Frederick Smith, puede diseñar un cóctel de quimioterapia que ya ha reducido algunos de mis tumores secundarios y puede «modificar» dicho cóctel para minimizar ciertos efectos secundarios desagradables. Eso no habría sido posible cuando Updike estaba escribiendo su libro, o cuando Nixon proclamaba su «guerra». Pero también es melancólico, porque la medicina alcanza nuevas cumbres y empiezan a vislumbrarse nuevos tratamientos, y probablemente han llegado demasiado tarde para mí.

Por ejemplo, me animó oír hablar de un nuevo «protocolo de inmunoterapia», desarrollado por los doctores Steven Rosenberg y Nicholas Restifo en el Instituto Nacional del Cáncer. En realidad, la palabra «animar» es un eufemismo. Me excitó enormemente. Ahora es posible extraer los linfocitos T de la sangre, someterlos a un proceso de ingeniería genética y a continuación volver a inyectarlos para atacar el tumor maligno. «Puede parecer medicina de la era espacial —escribió el doctor Restifo, como si él también hubiera estado releyendo a Updike—, pero hemos tratado a más de cien pacientes con linfocitos T modificados genéticamente y hemos tratado a más de veinte pacientes del modo que estoy sugiriendo para su caso.» Había una trampa, y entrañaba una «coincidencia». Mi tumor debía manifestar una proteína llamada NY-ESO-1, y mis inmunocitos debían tener una molécula concreta llamada HLA-A2. Si se daba esa relación, el sistema inmune podría cargarse para resistir el tumor. Las probabilidades parecían buenas, porque la mitad de las personas con genes europeos o caucásicos tienen esa molécula. ¡Y cuando analizaron mi tumor, tenía la proteína! Pero mis inmunocitos se negaron a realizar una identificación lo suficientemente «caucásica». La Agencia de Alimentos y Medicamentos está revisando estudios similares, pero tengo un poco de prisa y no puedo olvidar la sensación de abatimiento que experimenté cuando recibí la noticia.

Quizá sea mejor dejar atrás lo antes posible las falsas esperanzas: esa misma semana me dijeron que mi tumor no tenía las mutaciones necesarias para recibir cualquier otra de las terapias «dirigidas» contra el cáncer que se ofrecen en la actualidad. Aproximadamente una noche más tarde recibí unos cincuenta correos de amigos, porque *60 Minutes* había emitido un reportaje sobre la «ingeniería de tejidos», por medio de células madre, administrada a un hombre con un esófago canceroso. Había sido médicamente activado para «desarrollar» uno nuevo. Entusiasmado, hablé con mi amigo el doctor Francis Collins, padre del tratamiento basado en el genoma, que, con amabilidad pero con firmeza, me dijo que mi cáncer se había extendido mucho más allá del esófago y no se podía tratar de ese modo.

Al analizar la melancolía que me invadió durante esos penosos siete días, descubrí que me sentía engañado y decepcionado. «Mientras no hayas hecho algo por la humanidad —escribió el gran educador estadounidense Horace Mann—, debería darte vergüenza morir.» Me habría ofrecido encantado como sujeto de experimentación con nuevos fármacos o nuevas cirugías, en parte, por supuesto, con la esperanza de salvarme, pero también pensando en el principio de Mann. Y ni siquiera era apto para esa aventura. Así que tengo que caminar penosamente por la rutina de la quimioterapia, aumentada, si se demuestra que merece la pena, por la radiación y tal vez el célebre CyberKnife para una intervención quirúrgica: ambos tratamientos son casi milagrosos si los comparamos con el pasado reciente.

Hay una opción aún más remota que me propongo intentar a pesar de que su posible eficacia se encuentra en los límites de la probabilidad. Voy a tratar de que «secuencien» todo mi ADN, junto con el genoma de mi tumor. Francis Collins se mostró particularmente sobrio al evaluar la utilidad del procedimiento. Si se pueden efectuar las dos secuenciaciones, me escribió, «se podrían determinar con claridad las mutaciones presentes en el cáncer que están provocando que crezca. El potencial del descubrimiento de las mutaciones en las células cancerosas que podrían conducir a una nueva idea terapéutica es incierto: ahora mismo está en la frontera de la investigación sobre el cáncer». En parte por eso, como me aconsejó, el coste de someterse al procedimiento es también muy elevado. Pero, a juzgar por mi correspondencia, prácticamente todo el mundo en este país ha tenido cáncer o tiene un amigo o familiar que ha sido víctima de la enfermedad. Así que tal vez pueda contribuir un poco a la ampliación de unos conocimientos que ayudarán a las generaciones futuras.

Digo «tal vez» entre otras cosas porque Francis ya ha tenido que dejar de lado gran parte de su trabajo pionero, con el fin de defender su profesión del bloqueo legal del campo más prometedor de sus investigaciones. Mientras teníamos esas conversaciones en parte emocionantes y en parte deprimentes, en agosto un juez federal de Washington, D.C., ordenó detener los fondos del gobierno destinados a la investigación con células madre embrionarias. El juez Royce Lamberth respondía a una demanda de los partidarios de la Enmienda Dickey-Wicker, llamada así por el dúo republicano que en 1995 logró prohibir el gasto federal en cualquier investigación que empleara un embrión humano. Como cristiano creyente, Francis muestra inquietud con respecto a la creación con fines investigativos de estos grupos de células *nonsentient* (y, por si quieres saberlo, yo también), pero tenía esperanzas de lograr un buen resultado a partir de la utilización de embriones *ya existentes*, creados originalmente para la fecundación in vitro. En las circunstancias actuales, esos embriones no van a ninguna parte. ¡Pero ahora unos maníacos religiosos se esfuerzan por prohibir hasta su uso, que ayudaría a lo que los mismos maníacos consideran el embrión sin formar de sus congéneres humanos! A los politizados patrocinadores de esta tontería pseudocientífica debería darles vergüenza vivir, y no digamos morir. Si deseas participar en la «guerra» contra el cáncer y otras enfermedades terribles, únete a la batalla contra su estupidez letal.

IV

Desde que caí enfermo a mitad de la gira de mi libro en el verano de 2010, he adorado y aprovechado todas las oportunidades de estar al día y de mantener tantos compromisos como pueda. Participar en debates y dar conferencias forma parte de mi aliento vital, y respiro hondo cuando y donde sea posible. También disfruto de verdad el tiempo que paso cara a cara contigo, querido lector, independientemente de que lleves o no el ticket de un ejemplar nuevo y brillante de mis memorias. Pero voy a contar lo que pasó mientras esperaba para firmar ejemplares en un acto celebrado en Manhattan hace un par de semanas. Imagina, si te apetece: yo estaba sentado ante una mesa cuando se me acercó una mujer de aspecto maternal (un componente clave de mi demografía):

ELLA: Lamento que esté enfermo.

Yo: Gracias por sus palabras.

ELLA: Un primo mío tuvo cáncer.

Yo: Oh, lo siento.

ELLA: [*Mientras la fila de clientes se alarga detrás de ella.*] Sí, de hígado.

Yo: Eso nunca es bueno.

ELLA: Pero desapareció, después de que los médicos le dijeran que era incurable.

Yo: Bueno, eso es lo que todos queremos oír.

ELLA: [*Mientras los que están al final de la fila empiezan a mostrar signos de impaciencia.*] Sí. Pero luego volvió, mucho peor que antes.

Yo: Oh, qué horror.

ELLA: Y después murió. Fue durísimo. Durísimo. Le costó muchísimo tiempo.

Yo: [*Empezando a buscar las palabras*]...

ELLA: Por supuesto, fue homosexual durante toda su vida...

Yo: [*Sin conseguir encontrar las palabras, y no queriendo parecer estúpido y repetir «por supuesto»*]...

ELLA: Y toda su familia inmediata lo abandonó. Murió prácticamente solo.

Yo: Bueno, no sé qué…

ELLA: De todos modos, solo quería que sepa que comprendo exactamente por lo que está pasando.

Este fue un encuentro sorprendentemente agotador, del que podría haber prescindido con facilidad. Hizo que me preguntara si habría espacio para un breve manual de protocolo del cáncer. Se aplicaría a las víctimas y a los simpatizantes. Después de todo, no he sido muy lacónico con respecto a mi propia enfermedad. Pero tampoco camino luciendo en mi solapa un enorme cartel que diga: PREGÚNTAME SOBRE LA FASE CUATRO DEL CÁNCER DE ESÓFAGO CON METÁSTASIS, Y SOLO SOBRE ESO. La verdad, si no puedes traerme noticias de eso y solo eso, y sobre lo que ocurre cuando los ganglios linfáticos y el pulmón pueden estar afectados, no estoy tan interesado ni tengo tantos conocimientos. Uno casi desarrolla una especie de elitismo acerca de la singularidad de su propio trastorno personal. Por lo tanto, si tu historia de primera o de segunda mano trata de algunos órganos, quizá sea mejor que consideres la posibilidad de contarla brevemente, o al menos de forma más selectiva. Esta sugerencia se aplica si la historia es intensamente deprimente y provoca desánimo —véanse unas líneas atrás— o si pretende transmitir alegría y optimismo: «A mi abuela le diagnosticaron melanoma terminal en el punto G y casi la habían dado por perdida. Pero siguió adelante y se sometió a enormes dosis de quimioterapia y radiación, al mismo tiempo, y en la última postal que nos ha mandado está en la cima del Everest». Una vez más, puede que tu relato no enganche si no te preocupas por saber lo bien o mal que anda (o que se siente) tu público.

Normalmente se acepta que la pregunta «¿Cómo estás?» no implica un compromiso jurado de dar una respuesta completa o sincera. Así que cuando me lo preguntan, me inclino por decir algo críptico como «Es un poco pronto para saberlo». (Si me pregunta el maravilloso personal de mi clínica de oncología, a veces llego tan lejos como para responder: «Me parece que hoy tengo un cáncer».) Nadie quiere que

le hablen de los incontables horrores y humilla-
ciones menores que se convierten en hechos de
la «vida» cuando el cuerpo pasa de ser un amigo a convertirse en un enemigo: el aburrido
cambio del estreñimiento crónico a su drástico
y repentino opuesto; la igualmente desagradable doble cruz de sentir hambre aguda, mientras temes hasta el olor de los alimentos; la mi-
seria absoluta de la náusea que te retuerce el
intestino cuando tienes el estómago completamente vacío; o el patético descubrimiento de
que la caída del cabello se extiende a la desapa-
rición de los folículos de las fosas nasales, y por
lo tanto al fenómeno irritante e infantil de la
nariz que moquea permanentemente. Lo siento, pero eres tú quien ha preguntado... No es
divertido apreciar por completo la verdad de la
tesis materialista que postula que no tengo un
cuerpo, sino que soy un cuerpo.

Pero en realidad tampoco es posible adoptar una postura de «No preguntes, no respon-
das». Al igual que su original, esta es una receta
de hipocresía y dobles raseros. Obviamente, los
amigos y familiares no tienen en realidad la opción de no hacer preguntas amables. Una forma
de lograr que se sientan cómodos es ser lo más

sincero posible y no adoptar ningún tipo de eufemismo o negación. Así que voy directamente al grano y digo cuáles son las probabilidades. La forma más rápida de hacerlo es señalar que lo malo de la fase cuatro es que no existe una fase cinco. Con toda la razón, algunas personas me toman en serio. Hace poco tuve que aceptar que no podré asistir a la boda de mi sobrina, en mi vieja ciudad y universidad de Oxford. Esto me deprimió por más de una razón, y un amigo especialmente cercano preguntó: «¿Tienes miedo de no volver a ver Inglaterra?». Da la casualidad de que era la pregunta adecuada y que era justo eso lo que me inquietaba, pero me sorprendió irracionalmente su contundencia. Yo me encargo de afrontar la cruda realidad, gracias. No lo hagas tú también. Y, sin embargo, yo le había invitado claramente a que hiciera esa pregunta. Tras contarle a otra persona, con deliberado realismo, que después de recibir algunas exploraciones y tratamientos más los médicos me podrían decir que a partir de ese momento las cosas serían sobre todo una cuestión de «mantenimiento», me quedé sin respiración cuando me dijo: «Sí, supongo que llega un momento en que tienes que pensar en dejarte ir».

Qué cierto, y qué nítido resumen de lo que acababa de decir. Pero surgió de nuevo la necesidad irracional de tener una especie de monopolio, o una especie de veto, sobre lo que era realmente expresable. Ser víctima del cáncer entraña una tentación permanente de mostrarse egocéntrico e incluso solipsista.

Así que mi manual de protocolo impondría deberes sobre mí, así como sobre aquellos que dicen demasiado, o demasiado poco, en un intento de cubrir la inevitable incomodidad de las relaciones diplomáticas entre Villa Tumor y sus vecinos. Si quieres un ejemplo de cómo no ser un embajador de la primera, te ofrezco el libro y el vídeo de *The Last Lecture*. Sería de mal gusto decir que el vídeo —una despedida pregrabada del difunto profesor Randy Pausch— se ha extendido «viralmente» en internet, pero eso es lo que ha sucedido. Debería incluir su propia advertencia sanitaria: lleva tanto azúcar que quizá necesites una inyección de insulina para soportarlo. Pausch trabajaba para Disney y eso se nota. Contiene toda una sección en defensa del tópico, sin omitir: «Aparte de eso, señora

Lincoln, ¿qué tal fue la obra?». Las palabras «niño», «infancia» y «sueño» se emplean como si fuera la primera vez que se usan. («Generalmente, cualquiera que utilice "infancia" y "sueño" en la misma frase capta mi atención.») Pausch enseñó en Carnegie Mellon, pero la nota que le gusta es Dale Carnegie. («Los muros de ladrillo existen por una razón… para darnos la oportunidad de mostrar lo mucho que queremos algo.») Por supuesto, no tienes que leer el libro de Pausch, pero muchos estudiantes y sus colegas tuvieron que asistir a la conferencia, en la que Pausch hizo flexiones, mostró vídeos caseros, chupó cámara y en general bromeó sin parar. Debería estar tipificado como delito ser insoportable y estar desprovisto de gracia en circunstancias en las que tu público se encuentra casi moralmente obligado a entusiasmarse. A su manera, fue una intrusión tan fuerte como la encarnizada y maternal perseguidora con la que he empezado. A medida que las poblaciones de Villa Tumor y Villa Bien continúan creciendo e «interactuando», hay una creciente necesidad de reglas básicas que nos impidan hacernos daño unos a otros.

V

He visto vacilar el instante de mi grandeza,
y he visto al eterno Lacayo sostener mi abrigo, con
[ironía,
y, en resumen, tuve miedo.

T. S. ELIOT, «La canción de amor de
J. Alfred Prufrock»*

Como tantas variedades de la experiencia vital,
la novedad de un diagnóstico de cáncer maligno tiene una tendencia a desgastarse. El asunto

---

* Traducción de Juan Malpartida. T. S. Eliot, *La tie-
rra baldía, Cuatro cuartetos y otros poemas. Poesía selecta
(1909-1942),* edición de Juan Malpartida y Jordi Doce,
Círculo de Lectores, Barcelona, 2001. *(N. del T.)*

empieza a perder interés, incluso a volverse banal. Uno puede acostumbrarse bastante al espectro del eterno Lacayo, como algún viejo pesado y letal que merodea en el pasillo al final de la velada, esperando la oportunidad de intercambiar unas palabras. Y no es que objete a que sostenga mi abrigo de esa manera, como si me recordara en silencio que es hora de marcharme. No, lo que deprime es su forma de reírse por lo bajo.

Con una frecuencia demasiado regular, la enfermedad me ofrece una burlona especialidad del día, o un sabor del mes. Pueden ser dolores y úlceras arbitrarias, en la lengua o en la boca. O ¿por qué no un poco de neuropatía periférica, que incluya pies entumecidos y fríos? La existencia diaria se convierte en un asunto infantil, que no se mide en las cucharillas de café de Prufrock, sino en diminutas dosis de alimento, acompañadas de alentadores ruidos de los observadores, o de solemnes debates sobre las operaciones del sistema digestivo, sostenidos con maternales desconocidas. En los días menos buenos, me siento como ese lechón con patas de madera propiedad de una familia sádicamente sentimental que solo podía comérselo pedazo a pedazo. Solo que el cáncer no es tan… considerado.

Lo más descorazonador sin duda fue el momento en que mi voz se alzó de repente hasta un chillido agudo propio de un niño (o quizá de un lechón). Después empezó a aparecer por todas partes, desde un susurro ronco y áspero a un balido quejumbroso. Y a veces amenazaba, y ahora amenaza cada día, con desaparecer por completo. Acababa de volver de dar un par de charlas en California, donde con la ayuda de la morfina y la adrenalina todavía pude «proyectar» con éxito mis elocuciones, cuando intenté parar un taxi en la puerta de casa. Y no pasó nada. Me quedé en pie, helado, como un gato bobo que hubiera perdido abruptamente su maullido. Antes podía parar un taxi de Nueva York a treinta metros de distancia. También podía, sin la ayuda de un micrófono, llegar a la última fila y al gallinero de una sala de conferencias abarrotada. Y quizá no sea algo de lo que se pueda presumir, pero la gente me dice que si su radio o su televisión estaban encendidas, aunque fuera en la habitación de al lado, siempre podía distinguir mi tono de voz y saber que yo estaba «en antena».

Como ocurre con la salud, la pérdida de la voz no puede imaginarse hasta que se produce. Como todo el mundo, he participado en versiones del juvenil juego de «¿Qué preferirías?», donde lo más habitual es debatir qué sería más opresivo: la ceguera o la sordera. Pero no recuerdo haber especulado mucho acerca de la posibilidad de quedarme mudo. (En el idioma estadounidense, decir: «Detestaría ser mudo»* podría en todo caso provocar otra risita.) La privación de la capacidad de hablar se parece más a un ataque de impotencia, o a la amputación de una parte de la personalidad. En gran medida, en público y en privado, yo «era» mi voz. Todos los rituales y la etiqueta de la conversación, desde aclararme la garganta como preparación para contar un chiste largo y exigente hasta (en los días de juventud) intentar que mis propuestas resultaran más persuasivas a medida que bajaba el tono una estratégica octava de vergüenza, eran innatos y esenciales para mí. Nunca he sabido cantar, pero podía recitar poesía y citar prosa y a veces incluso me pedían

* *I'd really hate to be dumb. Dumb* significa «mudo», pero también «estúpido», «necio». *(N. del T.)*

que lo hiciera. Y el sentido del tiempo lo es todo: el momento exquisito en el que uno puede interrumpir y rematar una historia, o emplear un verso para provocar la risa o ridiculizar a un oponente. Yo vivía para momentos como esos. Ahora, si quiero participar en una conversación, tengo que atraer la atención de alguna otra manera, y vivir con el hecho horrible de que la gente escucha «compasivamente». Al menos no tendrán que prestar atención mucho tiempo: no puedo mantenerlo y de todas formas no puedo soportarlo.

Cuando enfermas, la gente te manda CD. Muy a menudo, en mi experiencia, son de Leonard Cohen. Así que recientemente he aprendido una canción, titulada «If It Be Your Will». Es un poco dulzona, pero la ejecución es hermosa y comienza así:

> *Si es tu voluntad*
> *que no vuelva a hablar*
> *y que mi voz quede muda,*
> *como estaba antes...*

Creo que es mejor no escuchar esta canción cuando la noche está muy avanzada. Leonard Cohen es inimaginable sin, e inseparable de, su voz. (Ahora dudo que pudiese interesarme, o pudiera soportar, escuchar esa canción interpretada por cualquier otro.) En algunos sentidos, me digo, podría arreglármelas si tuviera que comunicarme solo a través de la escritura. Pero eso es solo por mi edad. Si me hubieran robado la lengua antes, dudo que hubiese podido alcanzar mucho en la página. Tengo una gran deuda con Simon Hoggart de *The Guardian* (hijo del autor de *The Uses of Literacy*), que hace unos treinta y cinco años me informó de que un artículo mío estaba bien argumentado pero era aburrido, y me aconsejó enérgicamente que escribiera «más como hablas». Para entonces, la acusación de ser aburrido me había dejado casi sin palabras y nunca le di las gracias de forma adecuada, pero con el tiempo entendí que mi miedo a la autoindulgencia y al pronombre personal era otra forma de indulgencia.

Más tarde, solía empezar mis clases de escritura diciendo que cualquiera que pudiera hablar podía escribir. Tras animarles con esa escalera fácil de agarrar, después la sustituía por una serpiente enorme y odiosa: «¿Cuánta gente en esta clase diríais que sabe hablar? Quiero decir, hablar de verdad». Eso tenía su efecto sin duda lamentable. Les decía que leyesen cada texto en voz alta, preferiblemente a un amigo de confianza. Las reglas son más o menos las mismas: evita las expresiones tópicas (como la peste, como decía William Safire) y las repeticiones. No digas que de niño tu abuela te leía, a menos que en ese momento de su vida tu abuela *fuera* de verdad un niño, y en ese caso probablemente has tirado a la basura una introducción mejor. Si merece la pena leer o escuchar algo, probablemente merece la pena leerlo. Así, por encima de todo: encuentra tu propia *voz*.

El cumplido más satisfactorio que me puede hacer un lector es decirme que siente que me dirijo a él personalmente. Piensa en tus autores preferidos y mira si no es precisamente esa una de las cosas que te atraen, a menudo al principio sin que te des cuenta. Una buena conversación es el único equivalente humano: darte cuenta de que se hacen y se comprenden observaciones decentes, de que la ironía y la elaboración están actuando, y de que un comentario aburrido u obvio sería casi físicamente dañino. Así es como evolucionó la filosofía en los simposios, antes de que empezara a escribirse. Y la poesía empezó con la voz como único intérprete y el oído como único registro. De hecho, no tengo conocimiento de ningún escritor realmente bueno que también fuera sordo. ¿Cómo podría uno apreciar las minúsculas punzadas y éxtasis del matiz que transmite una voz bien entonada, aunque tuviera acceso al hábil lenguaje de signos del buen abate de l'Épée? Henry James y Joseph Conrad *dictaron* sus novelas maduras —lo que debe figurar como uno de los grandes logros vocales de todos los tiempos, aunque quizá tuvieron la ventaja de que les volvieran a leer algunos de sus pasajes— y Saul Bellow dictó gran parte de *El legado de Humboldt*. Sin nuestra correspondiente percepción del idiolecto, el sello del modo en que un individuo habla, y por tanto escribe, estaríamos privados de todo un continente de compasión humana, y de placeres menores como la imitación y la parodia.

Más solemnemente: «Lo único que poseo es una voz», escribió W. H. Auden en «1 de septiembre de 1939»,* su angustiado intento de comprender, y combatir, el triunfo de la maldad radical. «¿Quién puede llegar al sordo —se preguntaba desesperadamente—, quién puede hablar por el mudo?» Más o menos al mismo tiempo, la futura premio Nobel judía alemana Nelly Sachs descubrió que la aparición de Hitler había hecho que se quedara literalmente sin palabras: privada de su voz a causa de la descarnada negación de todos los valores. Nuestra expresión cotidiana preserva la idea, aunque sea suavemente: cuando muere un hombre que ha dedicado su vida al servicio público, las necrologías a menudo dicen que era «una voz» para quienes carecían de ella.

De la garganta humana también pueden emerger terribles ruinas: berreos, gimoteos, gritos, incitaciones («la basura militante más timora-

* W H. Auden, *Canción de cuna y otros poemas*, traducción, selección y prólogo de E. Iriarte, Lumen, Barcelona, 2006. *(N. del T.)*

ta»). Es la oportunidad de lanzar voces tranquilas y pequeñas contra ese torrente de parloteo y ruido, las voces del ingenio y la moderación, lo que uno anhela. En las mejores recopilaciones de sabiduría y amistad, desde la *Apología* de Platón hasta la *Vida del doctor Samuel Johnson* de Boswell, resuenan los hablados e improvisados momentos de juego, razón y especulación. Es en encuentros como esos, en competición y comparación con los demás, donde uno puede esperar dar con el elusivo y mágico *mot juste*. Para mí, recordar la amistad es pensar en esas conversaciones que parecía un pecado interrumpir: las que convertían el sacrificio del día siguiente en algo trivial. Así es como Calímaco eligió recordar a su amado Heráclito:

Alguien me contó, Heráclito, tu muerte y en mí
                                   [provocó
el llanto y recordé cuántas veces los dos
en conversación hicimos ponerse el sol.

De hecho, apoya su argumento sobre la inmortalidad de su amigo en la dulzura de su voz.

tus ruiseñores, en cambio, siguen vivos y a ellos
                                    [Hades que
todo lo arrebata no les pondrá la mano encima.*

Quizá haya demasiado optimismo en este
último verso.

En la literatura médica, la «cuerda» vocal es un
mero pliegue, un trozo de cartílago que lucha
por estirarse y tocar su gemelo, y produce así la
posibilidad de efectos sonoros. Pero creo que
debe de haber una profunda relación con la palabra «acorde»: la vibración resonante que puede agitar la memoria, producir música, evocar
amor, provocar lágrimas, trasladar piedad a la
multitud e inducir pasión en la muchedumbre.
Quizá no seamos, como solíamos jactarnos, los
únicos animales capaces de hablar. Pero somos
los únicos que podemos desplegar la comuni-
cación vocal por puro placer y recreación, y la
combinamos con nuestras presunciones de ra-

---

* *Poemas de amor y muerte en la Antología Palatina.
Libro V y selección del Libro VII*, edición de Marta González
González y Cristóbal Rodríguez Alonso, Akal, Madrid,
1999. *(N. del T.)*

zón y humor para producir síntesis más elevadas. Perder esta habilidad es quedar privado de toda una variedad de facultades: sin duda, es más que morir un poco.

Mi principal consuelo en este año de vivir muriéndome ha sido la presencia de amigos. Ya no puedo comer o beber por placer, así que cuando se ofrecen a venir es solo por la bendita oportunidad de hablar. Algunos de esos camaradas podrían llenar sin dificultad una sala de clientes que pagarían ávidamente por oírlos: con esa clase de conversadores, estar a su altura ya es un privilegio. Ahora al menos puedo escuchar gratis. ¿Pueden venir a verme? Sí, pero solo en cierto modo. Así que ahora cada día voy a una sala de espera, y observo las espantosas noticias de Japón en la televisión por cable (a menudo con subtítulos para sordos, solo por torturarme) y espero impacientemente que disparen una alta dosis de protones en mi cuerpo a dos tercios de la velocidad de la luz. ¿Qué espero? Si no una cura, quizá una remisión. ¿Y qué quiero recuperar? En la hermosísima aposición de dos de los términos más simples del idioma: la libertad de palabra.

VI

Tengo algo que decir a favor de la muerte:
no te obliga a dejar la cama, y es una suerte.
A cualquier parte, estés de pie o largo
llega hasta ti sin cobrar recargo.

KINGSLEY AMIS

Aguzadas amenazas engañan con desprecio,
observaciones suicidas se rompen
desde la boquilla de oro del loco, y su cuerno hueco
toca palabras baldías, que advierten
que el que no está ocupado naciendo
está ocupado muriendo.

BOB DYLAN, «It's Alright,
Ma (I'm Only Bleeding)»

Cuando llegó el momento, y el viejo Kingsley sufrió una caída que lo desmoralizó y lo desorientó, se fue a la cama y finalmente se puso de cara a la pared. Después de eso, no todo fue reclinarse y esperar al servicio de habitaciones del hospital —«¡Mátame, maldito imbécil!», le gritó fuera de sí a su hijo Philip en una ocasión—, pero, en esencia, esperó pasivamente el final. Llegó como debía, sin mucho revuelo y sin cobrarle nada.

El señor Robert Zimmerman de Hibbing, Minnesota, ha tenido al menos un encuentro muy cercano con la muerte, más de una actualización y revisión de su relación con el todopoderoso y las Cuatro Últimas Cosas, y parece decidido a seguir demostrando que hay muchas formas distintas de demostrar que uno está vivo. Después de todo, si tenemos en cuenta las alternativas…

Antes de que me diagnosticaran un cáncer de esófago hace año y medio, informé a mis lectores con cierta despreocupación de que cuando afrontara la extinción quería estar totalmente consciente y despierto, para «hacer» la muerte en voz activa y no en voz pasiva. Y todavía intento alimentar esa pequeña llama de curiosidad y desafío: dispuesto a seguir jugando hasta el final y dispuesto a no ahorrarme nada de lo que corresponde al tiempo de vida. Sin embargo, una enfermedad grave te obliga a examinar principios familiares y dichos aparentemente fiables. Y creo que hay uno que no digo con la misma convicción que acostumbraba: en concreto, he dejado de emitir la afirmación de que «lo que no me mata me hace más fuerte».

De hecho, ahora me pregunto a veces por qué me parecía profunda. Normalmente se atribuye a Friedrich Nietzsche: *Was mich nicht umbringt macht mich stärker.* En alemán se lee y suena más poético, y esa es la razón por la que me parece probable que Nietzsche la tomara prestada de Goethe, que vivió un siglo antes. Pero ¿sugiere una razón la rima? Quizá lo haga, o puede, en cuestión de emociones. Recuerdo pensar, acerca de momentos arduos vinculados con el amor y el odio, que había salido de ellos, por así decirlo, con cierta fortaleza aumentada gracias a la experiencia que no podía haber adquirido de ningún otro modo. Y, una o dos veces, al alejarme de un accidente de coche o de un encuentro cercano a la violencia cuando informaba en el extranjero, experimentaba la sensación más bien fatua de que ese encuentro me había endurecido. Pero, en realidad, eso no es más que decir: «Ahí voy por la gracia de dios», que a su vez no significa otra cosa que: «La gracia de dios me ha abrazado felizmente y se ha saltado a ese otro pobre desgraciado».

En el crudo mundo físico, y en el que abarca la medicina, hay demasiadas cosas que podrían matarte, no te matan y te dejan considerablemente más débil. Nietzsche estaba destinado a descubrirlo de la forma más dura posible, lo que hace adicionalmente desconcertante que decidiera incluir la máxima en su antología de 1889, *El crepúsculo de los ídolos*. (En alemán se llama *Götzen-Dämmerung*, que contiene un claro eco de la épica de Wagner. Posiblemente su gran disputa con el compositor, en la que retrocedió horrorizado ante la repudiación wagneriana de los clásicos a favor de los sangrientos mitos y leyendas germánicos, fue una de las cosas que le dieron a Nietzsche fortaleza y entereza moral. Sin duda, el subtítulo del libro

—«Cómo se filosofa con el martillo»— tiene mucho de bravuconada.)

Durante el resto de su vida, sin embargo, parece ser que Nietzsche sufrió de sífilis, muy probablemente contraída durante su primer encuentro sexual, que le produjo aplastantes migrañas y ataques de ceguera y se transformó en demencia y parálisis. Esto, aunque no lo mató inmediatamente, sin duda contribuyó a su muerte y entretanto no puede decirse que lo hiciera más fuerte. En el curso de su decadencia mental, se convenció de que la hazaña cultural más importante sería demostrar que Bacon escribió las obras de Shakespeare. Es una señal infalible de avanzada postración intelectual y mental.

(Tengo cierto interés en este asunto, porque no hace mucho me invitó una emisora de radio cristiana de lo más profundo de Dixie a debatir sobre religión. Mi entrevistador mantuvo una cuidadosa cortesía sureña, me permitió siempre el tiempo suficiente para expresar mis puntos de vista y después me sorprendió al preguntarme si me consideraba nietzscheano en algún sentido. Di una respuesta negativa, diciendo que estaba de acuerdo con algunos de los argumentos que había expuesto el gran hombre, pero no le debía ninguna gran percepción y encontraba su desprecio a la democracia un tanto desagradable. H. L. Mencken y otros, intenté añadir, también lo habían usado para defender algunos burdos argumentos socio-darwinistas sobre el absurdo de ayudar a los «no aptos». Y su terrible hermana, Elisabeth, había explotado su declive para realizar un uso fraudulento de su obra, que presentaba como si se hubiera escrito en apoyo del movimiento anti-semita alemán. Eso quizá le hubiera dado a Nietzsche una inmerecida fama póstuma de fanático. El entrevistador continuó preguntando si sabía que Nietzsche escribió gran parte de su obra cuando la sífilis había forzado su decadencia. De nuevo respondí que lo había oído y no tenía razón para dudarlo, aunque tampoco conocía ninguna confirmación. Justo cuando era demasiado tarde, y oí los compases de la música y las palabras de que el tiempo se acababa, mi anfitrión me ganó por la mano y se preguntó cuántos de mis textos habrían sido influidos por una enfermedad similar. Debería haber previsto ese «te pillé», pero me quedé sin palabras.)

Al final y en tristes circunstancias en la ciudad italiana de Turín, a Nietzsche lo sobrecogió la visión de un caballo que era cruelmente maltratado en la calle. Corriendo para rodear con sus brazos el cuello del animal, sufrió un ataque terrible y parece que durante el resto de la existencia atormentada y dominada por el dolor que le tocó vivir estuvo bajo el cuidado de su madre y su hermana. La fecha del trauma de Turín es potencialmente interesante. Se produjo en 1889, y sabemos que en 1887 el descubrimiento de las obras de Dostoievski había influido poderosamente en Nietzsche. Parece haber una correspondencia casi espeluznante entre el episodio en la calle y el sueño terrible y explícito que tiene Raskólnikov la noche antes de cometer los decisivos asesinatos de *Crimen y castigo*. La pesadilla, que resulta bastante difícil de olvidar si la has leído, incluye el apaleamiento terriblemente prolongado y mortal de un caballo. Su dueño lo azota en los ojos, golpea su columna vertebral con un palo, llama a los transeúntes para que ayuden en la paliza… no se nos ahorra nada. Si la truculenta coincidencia fue suficiente como para producir el desvarío final de Nietzsche, debía de encontrarse muy debilitado, o haber resultado terriblemente debilitado por otros sufrimientos no relacionados. Estos, por tanto, en modo alguno sirvieron para hacerlo más fuerte. Como mucho, quizá quiso decir —pienso ahora— que aprovechó al máximo sus pocos intervalos entre el dolor y la locura para escribir sus colecciones de aforismos y paradojas penetrantes. Eso pudo darle la impresión de que estaba triunfando y usando la Voluntad de Poder. *El crepúsculo de los ídolos* se publicó casi simultáneamente al terrible episodio de Turín, así que la coincidencia se llevó tan lejos como era posible.

O tomemos el ejemplo de un filósofo completamente diferente, más mesurado y más próximo a nuestra época. El difunto profesor Sidney Hook era un célebre materialista y pragmático, autor de sofisticados tratados que sintetizaban la obra de John Dewey y Karl Marx. También fue un ateo implacable. Al final de su vida cayó gravemente enfermo y empezó a reflexionar sobre la paradoja que suponía que él —instalado en la meca medicinal de Stanford, California— pudiera disponer de un nivel de atenciones sin precedentes, mientras que al mismo tiempo estaba expuesto a un grado de sufrimiento que anteriores generaciones quizá no habrían podido permitirse. Al meditar sobre eso, tras una experiencia especialmente horrible de la que al final se había recuperado, decidió que después de todo preferiría haber muerto:

> Estoy a punto de morir. Para obtener un diagnóstico, se me trató una insuficiencia cardíaca congestiva con un angiograma que produjo un derrame. Un hipo violento y doloroso, ininterrumpido durante varios días y noches, impedía la ingestión de comida. Mi lado izquierdo y una de mis cuerdas vocales quedaron paralizados. Se instaló algún tipo de pleuresía y tenía la sensación de estar ahogándome en un mar de fango. En uno de mis intervalos de lucidez durante esos días de agonía, pedí a mi médico que interrumpiera todos los servicios de respiración artificial o me enseñara cómo hacerlo.

El médico rechazó esa solicitud, asegurando a Hook no sin arrogancia que «un día se daría cuenta de la imprudencia de mi petición». Pero el estoico filósofo, con la perspectiva privilegiada de la vida prolongada, insistía en que deseaba que le hubieran permitido expirar. Dio tres razones. Otro doloroso derrame podía golpearle y obligarle a sufrir lo mismo de nuevo. Su familia vivía una experiencia infernal. Se gastaban absurdamente recursos médicos. A lo largo de su ensayo, usó una fuerte expresión para describir la postura de otras personas que sufrían así: decía que yacían en «tumbas de colchones».

Si ser devuelto a la vida no cuenta como algo que no te mata, ¿qué lo hace? Y, sin embargo, parece que no hay ningún sentido importante en que el proceso hiciera a Sidney Hook «más fuerte». En todo caso, al parecer concentró su atención en el modo en que cada debilitamiento se construye sobre su predecesor y se convierte en un sufrimiento acumulativo con un solo resultado posible. Después de todo, si fuera de otra forma, cada ataque, cada derrame, cada vil hipo y cada asalto de fango lo fortalecerían y consolidarían su resistencia. Y eso es claramente absurdo. Así que nos quedamos con algo bastante inusual en los anales de las aproximaciones no sentimentales a la extinción: no el deseo de morir con dignidad sino el deseo de *haber muerto*.

Finalmente, el profesor Hook nos dejó en 1989, y yo soy una generación más joven. No he navegado tan cerca del amargo final como él. Pero recuerdo estar tendido y mirar mi torso desnudo, que estaba cubierto casi de la garganta al ombligo por una intensa erupción provocada por la radioterapia. Era el producto de un mes de bombardeo de protones, que habían quemado todo el cáncer de mis nódulos claviculares y paratraqueales, así como el tumor original del esófago. Eso me coloca en la rara clase de pacientes que pueden afirmar que han recibido la extremadamente avanzada pericia que solo puede encontrarse en el estelar código postal del MD Anderson Cancer Center en Houston. Decir que la erupción dolía sería absurdo. La lucha era intentar transmitir lo que dolía *por dentro*. Estuve tumbado días y días, intentando en vano posponer el momento en que tendría que tragar. Cada vez que tragaba, una infernal marea de dolor me subía por la garganta y culminaba en lo que parecía la coz de una mula en la parte baja de mi espalda. Me pregunté si por dentro las cosas estaban tan rojas e inflamadas como por fuera. Y después tuve un espontáneo pensamiento de rebeldía: si me lo hubieran dicho antes, ¿habría optado por el tratamiento? Hubo varios momentos en los que, mientras me sacudía, me retorcía, jadeaba y maldecía, lo dudé seriamente.

Probablemente es misericordioso que sea imposible describir el dolor de memoria. También es imposible advertir contra él. Si mis médicos de los protones me hubieran explicado de antemano, quizá habrían hablado de una «gran molestia», o quizá de una sensación de ardor. Solo sé que nada podría haberme preparado o fortalecido para esa cosa, que parecía despreciar los analgésicos y atacarme el corazón. Parece que ahora me he quedado sin posibilidades de radiación en esas partes (se considera que treinta y cinco días seguidos es lo máximo que se puede aguantar) y, aunque eso no es en modo alguno una buena noticia, me ahorra tener que preguntarme si soportaría voluntariamente el mismo tratamiento otra vez.

Pero también misericordiosamente no puedo convocar el recuerdo de cómo me sentía esos días y noches lacerantes. Y desde entonces he tenido algunos intervalos de relativa fortaleza. Así que, como actor racional, considerando la radioterapia junto a la reacción y la recuperación, tengo que admitir que, si hubiera rechazado la primera etapa, evitando por tanto la segunda y la tercera, ya estaría muerto. Y eso no tiene ningún atractivo.

Sin embargo, no hay forma de soslayar el hecho de que estoy mucho más débil que entonces. Parece que ha pasado mucho tiempo desde que recibí al equipo de protones con champán y después salté casi ágilmente al taxi. En mi siguiente estancia en el hospital, en Washington, D.C., la institución me contagió una feroz neumonía estafilocócica (y me mandó dos veces a casa con ella) que casi acaba conmigo. La fatiga aniquiladora que se apoderó de mí en consecuencia también contenía la mortal amenaza de rendirse a lo inevitable: a menudo sentía que el fatalismo y la resignación me conquistaban sombríamente mientras intentaba combatir mi inanición general. Solo dos cosas me salvaron de traicionarme y dejarme ir: una esposa que no quería oírme hablar de esa manera aburrida e inútil, y varios amigos que también hablaron libremente. Oh, y el analgésico de rigor.

Qué felizmente medía el día cuando veía que se preparaba la inyección. Era un auténtico acontecimiento. Con algunos analgésicos, si tienes suerte, realmente puedes notar cuándo entra: una especie de cosquilleo templado seguido de una felicidad idiota. Haber llegado a eso: como los tristes matones que asaltan farmacias en busca de oxicontina. Pero era un descanso del aburrimiento, y un placer culpable (no hay muchos en Villa Tumor), y, lo que no resultaba menos importante, un alivio del dolor.

En mi familia inglesa, el papel de poeta nacional no correspondía a Philip Larkin sino a John Betjeman, bardo del barrio residencial y la clase media y una presencia mucho más mordaz que la figura de osito de peluche que a veces presentaba al mundo. Su poema «La sombra de las cinco de la tarde» lo muestra en su versión menos afelpada:

Este es el momento del día en que en la planta de
                                        [hombres
pensamos: «Un poco más de dolor y dejaré la lucha»,
cuando el que pelea por respirar puede pelear con
                                        [menos fuerza:
es el momento del día que es peor que la noche.

He llegado a conocer bien esa impresión: la sensación y la convicción de que el dolor no desaparecerá nunca y de que la espera hasta el próximo pinchazo es injustamente larga. Después, un repentino episodio de dificultad respiratoria, seguido de una tos sin sentido y luego —si es un día asqueroso— más expectoración de la que puedo controlar. Pintas de vieja saliva, ocasionalmente mucosidad, ¿y para qué demonios necesito *ardor de estómago* en este preciso instante? No es que no haya comido nada: un tubo me administra todo mi alimento. Todo esto, y el resentimiento infantil que lo acompaña, debilita. También lo hace la asombrosa pérdida de peso que el tubo parece incapaz de combatir. He perdido casi una tercera parte de mi masa corporal desde que me diagnosticaron el cáncer: quizá no me mate, pero la atrofia muscular hace que resulten más duros hasta los sencillos ejercicios sin los que quedaré todavía más débil.

Tecleo esto justo después de recibir una inyección para reducir el dolor de mis brazos, manos y dedos. El principal efecto secundario de este dolor es el entumecimiento de las extremidades, que me llena de un miedo no irracional a perder la capacidad de escribir. Sin esa capacidad, estoy seguro de antemano, mi «voluntad de vivir» quedará enormemente atenuada. A menudo digo de forma grandilocuente que escribir no es solo mi forma de ganarme la vida, sino mi verdadera vida, y es verdad. Casi como con la amenaza de perder la voz, que actualmente alivian unas inyecciones temporales en los pliegues vocales, siento que mi personalidad e identidad se disuelven mientras contemplo las manos muertas y la pérdida de las correas de transmisión que me conectan con la escritura y el pensamiento.

Hay debilidades progresivas que en una vida más «normal» habrían tardado décadas en alcanzarme. Pero, como con la vida normal, uno descubre que cada día que pasa representa una cantidad cada vez mayor sustraída de algo que es cada vez menor. En otras palabras, el proceso te descolora y te acerca a la muerte. ¿Cómo podía ser de otro modo? Cuando empezaba a reflexionar en esa línea, encontré un artículo sobre el tratamiento del síndrome de estrés postraumático. Ahora sabemos, gracias a una experiencia que hemos pagado cara, mucho más sobre esta enfermedad. Al parecer, uno de los síntomas por los que se da a conocer es que, cuando intenta comprender su experiencia, un curtido veterano dice: «Lo que no me ha matado me ha hecho más fuerte». Es una de las manifestaciones de la «negación».

Me atrae la etimología alemana de la palabra inglesa *stark*,* y su pariente empleada por Nietzsche, *stärker*, que significa «más fuerte». En yiddish, llamar a alguien *shtarker* es darle el crédito de ser un militante, un tipo duro, un trabajador esforzado. De momento, he decidido tomar lo que mi enfermedad me depare, y seguir en combate mientras tomo la medida de mi inevitable declive. Repito, esto no es más que lo que una persona sana debe hacer a un ritmo más lento. Es nuestro destino común. Aun así, en ambos casos, uno puede prescindir de máximas facilonas que no cumplen su aparente promesa.

Quizá haya hecho una excepción a mi nueva regla de que no hay que confiar en Nietzsche, o a mi forma de fingir ante mí mismo que te-

---

* «Desolado», «directo», «total», «áspero», «sombrío». *(N. del T.)*

nía recursos que acaso no poseía en realidad. Buena parte de la vida del cáncer tiene que ver con la sangre, de la que el cáncer constituye la enfermedad particular. Un paciente se descubrirá «dando» una buena cantidad de fluido, para facilitar la apertura de un catéter o para ayudar a comprobar los niveles de azúcar y otros componentes. Durante años, me pareció absurdamente fácil hacerme análisis de sangre rutinarios. Entraba, me sentaba, aguantaba la leve presión de un torniquete hasta que aparecía una vena útil o accesible y después una sola punzada permitía el llenado de los pequeños tubos y jeringas.

Con el tiempo, sin embargo, esto dejó de ser uno de los acontecimientos placenteros del día medicalizado. El flebotomista se sentaba, me cogía la mano o la muñeca en su mano y suspiraba. Las ronchas, las rojeces o los moratones ya podían verse, y daban al brazo un definitivo aspecto de «yonqui». Las venas estaban hundidas en su lecho, huecas o aplastadas. Muy de vez en cuando, colaboraban con una estrategia pensada para los yonquis que consistía en golpearlas lentamente con las yemas de los dedos, pero pocas veces se obtenía un buen resultado. Se producían grandes hinchazones, normalmente cerca de las articulaciones del codo y la muñeca, o en el sitio donde menos bien hicieran.

Además, uno debía dejar de fingir que el pinchazo era en efecto indoloro. Ya no había más charla desenfadada sobre «un pinchacito». Realmente no duele *tanto* que te inserten una aguja punzante por segunda vez. No, lo que duele es que la muevan arriba y abajo, con la esperanza de que penetre adecuadamente en la vena y libere el fluido que se necesita. Y cuanto más se hace, más duele. Eso ilustra todo el asunto en un microcosmos: la «batalla» contra el cáncer reducida a la lucha por conseguir extraer unas gotas de sangre de un mamífero grande y tibio que no puede darlas. Créeme, por favor, cuando digo que uno compadece enseguida a los técnicos. Están orgullosos de su trabajo y no disfrutan al causar «molestias». De hecho, regularmente y con alivio dejan su sitio a otro voluntario o se someten a la pericia de otra persona.

Pero hay que hacer el trabajo, y se nota la desolación cuando no puede completarse. Recientemente estaba previsto que me insertaran una vía PIC, a través de la cual un catéter sanguíneo permanente se inserta en el antebrazo, de modo que se puede obviar la necesidad de reiteradas invasiones temporales. Los expertos me dijeron que pocas veces lleva más de diez minutos (como había sido mi experiencia en visitas anteriores). Pasaron al menos dos horas hasta el momento en que, tras haberlo intentado y fracasado en ambos brazos, yo estaba tendido entre dos almohadillas liberalmente decoradas con sangre seca o en proceso de coagulación. La angustia de las enfermeras era palpable. Y estábamos más lejos de una solución.

A medida que este tipo de experiencias se volvían más comunes, empecé a asumir el papel del encargado de subir la moral. Cuando la técnico se ofrecía a parar, yo la instaba a seguir y le aseguraba que la comprendía. Relataba la cantidad de intentos realizados en ocasiones anteriores, para espolear mayores esfuerzos. La imagen que tenía de mí mismo entonces era la del valiente inmigrante inglés que se alza por encima del dolor de una pequeña aguja. Lo que no me matara, afirmaba, me haría más fuerte... Creo que eso empezó a perder interés el día que había pedido «seguir» durante once sesiones, y esperaba en secreto la oportunidad de dejarlo y dormir. Entonces, de pronto, el rostro preocupado del experto lo borró todo cuando exclamó: «Bueno, el doce es el número mágico», y el líquido que da la vida empezó a fluir en la jeringa. A partir de entonces, pareció absurdo fingir la idea de que esos faroles me hacían más fuerte, o lograban que otras personas actuaran con más fuerza o alegría. Sea cual sea la opinión que uno tenga de que la moral afecta al resultado, parece seguro que hay que escapar del reino de la ilusión vana antes que de cualquier otra cosa.

VII

No hace muchas semanas, comenzaba un día encamado en un estado de aguda impaciencia y un dolor bastante intenso. Mientras yacía incapaz de moverme pero preparado por la experiencia pasada, oí una voz tranquilizadora y capaz que decía: «Ahora quizá note un pinchacito». (No lo dudes: los pacientes masculinos han agotado todas las posibilidades de este mal chiste en los primeros días de oírlo.)* Y casi de inmediato me sentí tranquilizado de otro modo, porque esa voz y esa expresión y esa pequeña punzada significaban que el dolor se iría, mis miembros se enderezarían, y mi día comenzaría. Y así fue.

* *Prick*, «pinchazo», «punzada», también es una expresión vulgar para «pene». *(N. del T.)*

Sin embargo, ¿qué habría ocurrido, como pensé una vez semiconscientemente en una angustia similar, si hubiera habido el menor signo de burla en esa voz amable? ¿Y si hubiera dicho, de la forma más leve posible: «Esto no le dolerá *mucho*»? El equilibrio de poder habría sido violentamente destruido, y me habría quedado indefenso y petrificado. De inmediato, también tendría que preguntarme cuánto tiempo podría convivir con esa amenaza. El intrincado trabajo del torturador habría comenzado.

Subrayo «intrincado» porque en realidad la tortura no es solo un asunto de dolor y fuerza. Como descubrí cuando fui de verdad víctima de la tortura, es sobre todo un asunto de calibración sutil. «¿Cómo *estamos* hoy? ¿Alguna *molestia*?» Esto resulta más problemático a causa de la tendencia de la medicina moderna a recurrir a eufemismos: la educada elusión de la palabra «molestia» es uno de los más destacados. El enfoque planificado y coordinado ofrece otra vía de evasión; así, uno puede oír la pregunta: «¿Ya se ha reunido con su equipo de "gestión del dolor"?». Cuando lo has oído de la forma equivocada, puede parecer un eco de la práctica del torturador que consiste en enseñarle a la víctima los instrumentos que se aplicarán sobre él, o en describir la variedad de técnicas, y en dejar que esas amenazas hagan la principal parte del trabajo. (Al parecer, Galileo Galilei fue sometido a esa técnica cuando sufría la presión gradual que finalmente le obligó a retractarse.)

Me convertí en víctima de la tortura porque quería que los lectores de *Vanity Fair* se hicieran una idea de lo que entrañaba la sórdida y oscura polémica sobre el «ahogamiento simulado». Y el único camino que quedaba, o que no se había probado, era ofrecerme a someterme a ese «procedimiento». Obviamente, había límites a la autenticidad de esta imposición —y yo tenía que estar en cierto sentido «con el control» de la situación—, pero estaba decidido a descubrir, en la medida de lo posible, lo que experimenta una persona sometida al «ahogamiento simulado». Con la ayuda de algunos ex empleados muy serios de las Fuerzas Especiales, que sabían que estaban violando las leyes estadounidenses en territorio estadounidense, organicé un encuentro en las colinas de Carolina del Norte. Antes de empezar siquiera, había firmado un documento legal que los indemnizaría si me mataban al imponerme traumas físicos o psicológicos (una expresión más fuerte, ahí).

Quizá hayas oído que lo que ocurre es una «simulación» de la sensación de ahogamiento. Error. Lo que ocurre es que te ahogan lenta pero inexorablemente. Y si en algún momento logras escapar al goteo mortal de agua, tu torturador lo sabe. Él o ella hará un ajuste mínimo pero efectivo. Cuando, más tarde, entrevisté a mis torturadores, me interesó en particular este aspecto. Oh, sí, dijeron con una leve jactancia, tenemos pequeños movimientos, empujones y giros que cumplen la tarea y no dejan marcas. De nuevo, observas ese orgullo de la técnica y su tono casi humanista de expresión profesional. El lenguaje de los torturadores…

La razón por la que he decidido escribir sobre este tema en el contexto actual es la siguiente. Desde que compuse y publiqué el ensayo original, lo que ocurrió antes de que me diagnosticaran cáncer de esófago, sufría una especie de estrés postortura que probablemente todavía no se ha clasificado ni denominado. En todo caso, en mi experiencia tiene que ver con la asfixia. Y la «aspiración» de humedad puede desencadenar un raudal de pánico que se ha imbricado con los síntomas más amplios y letales de mis varias neumonías. Cada día me veo obligado a prepararme para que me alimenten de nutrientes líquidos por un tubo o para que me laven con distintos grados de inmersión, o para sentirme muy vulnerable de otras maneras. Así que realmente he sido muy afortunado por no haber tenido que oír nunca el odioso susurro del torturador, ni estremecerme ante la idea de que estoy a solo un giro de un grave miedo o «angustia» (una palabra bastante elevada en la escala del eufemismo). Pero sé cómo podría realizarse el truco.

Me han llevado por varios grandes hospitales estadounidenses en esta experiencia, y al menos uno de ellos es famoso porque lo dirige una histórica orden religiosa. En cada una de las habitaciones de este hospital, no importa cómo yazgas en la cama, la vista dominante es la que muestra un gran crucifijo negro tenazmente incrustado en la pared. No tengo una objeción especial, porque realmente no hace mucho más que redundar en el nombre del hospital. (Tiendo a no pelearme con los departamentos de las capillas hasta el momento en que tengo una observación adecuada que presentar. En Texas, por ejemplo, en una instalación nueva y construida a propósito que tenía más de una veintena de pisos, logré que concedieran en principio que era algo absurdo no presumir de una planta decimotercera y pasar del piso doce al catorce. Sin duda nadie se registra allí para quejarse de miedos cósmicos generados por ese número, ni se iría por ellos; por cierto, parece que somos bastante incapaces de discernir cómo empezó esta húmeda supersticioncilla.)

Sin embargo, casualmente también sé que durante las guerras de religión y las campañas de la Inquisición era una práctica común someter al condenado a la visión obligatoria de la cruz hasta su muerte. En algunos de los fervientes cuadros de los grandes autos de fe —no pienso excluir las capturas que hizo Goya de los quemados vivos en la plaza mayor—, vemos que las llamas y el humo se alzan cerca de la víctima, y después observamos la cruz que se muestra sombría en el aire y frente a sus ojos entreabiertos. Tengo que decir que, aunque ahora esto se haga de forma más «paliativa», despierta mi desaprobación a causa de sus anteriores vínculos sadomasoquistas. Hay prácticas hospitalarias y medicinales cotidianas, triviales, que recuerdan a la tortura impulsada por el Estado. En mi caso, también hay prácticas que no puedo separar del infierno de las anteriores. Incluso la idea de algunas aplicaciones inadecuadas del agua o el gas, como el kit de respiración humedecido o «nebulizado», se bastan y sobran para hacer que me sienta críticamente enfermo. Cuando pensaba por primera vez en un título para este libro, pensé en tomar el verso «Obscena como el cáncer», del aterrador poema de Wilfred Owen sobre la muerte en el frente occidental, «Dulce et decorum est». La acción describe la reacción de un grupo de extenuados rezagados británicos, a quienes sorprende un ataque de gas para el que no están preparados:

«¡Gas! ¡Gas! ¡Rápido, todos!». Tanteando torpemente
nos pusimos las máscaras justo a tiempo.
Pero hubo uno que gritaba todavía
y se agitaba como un hombre en llamas
A través del visor y de la niebla verde,
como hundido en el mar, vi que se ahogaba.

Aún veo en sueños, impotente,
cómo me pide auxilio presa de su agonía.

Si tú también pudieras, en tus sueños,
caminar tras el carro adonde lo arrojamos,
y ver cómo sus ojos se marchitan,
ver su rostro caído, como un demonio hastiado;
si pudieras oír con cada sacudida
cómo sale la sangre de su pulmón enfermo,
obscena como el cáncer, amarga como el vómito
de incurables heridas en lenguas inocentes,
amigo, no dirías entusiasta
a los muchachos sedientos de una ansiosa gloria
esa vieja mentira: «Dulce et decorum est
*pro patria mori».**

Cuando una sensación de asfixia o ahogo en una pesadilla me fuerza a una consciencia prematura, me doy cuenta de lo esencial que es que las fronteras de la medicina sean vigiladas de forma tan estrecha y puntillosa. Aprecio que en la propia profesión no exista la menor con-

* Wilfred Owen, *Poemas de guerra*, edición, traducción y notas de Gabriel Insausti, Acantilado, Barcelona, 2011.

cesión a la relajación de ese estándar. Los directores de ese famoso hospital deberían sentir vergüenza por el papel histórico que desempeñó su orden en las espantosas legalización y aplicación de la tortura, y yo tengo el mismo derecho —si no deber— a sentirme igualmente avergonzado por la política oficial de tortura que adoptó un gobierno cuyos documentos de ciudadanía había solicitado poco antes.

VIII[*]

«Recuerda, ¡tú también eres mortal!»: me golpeó en mi mejor momento y cuando las cosas llegaban a cierta altura. Mis dos recursos eran la pluma y la voz, y tenía que ser el esófago. Todo ese tiempo, mientras trabajaba de sol a sol y le robaba horas al sueño, había estado «extraviándome en la arena de los enfermos» y ahora un «tumor vulgar y pequeño» se manifestaba. Ese extraño no quiere nada; si me mata, morirá, pero parece muy decidido y determinado en su propósito. Aunque aquí no hay una verdadera ironía. Debo tener un cuidado absoluto para no ser autocompasivo ni egocéntrico.

[*] Estas anotaciones fragmentarias quedaron incompletas a la muerte del autor. *(N. del E.)*

Siempre me enorgullecí de mi capacidad de raciocinio y de mi materialismo estoico. No *tengo* un cuerpo, *soy* un cuerpo. Pero consciente y regularmente actuaba como si eso no fuera cierto, o como si en mi caso se pudiera hacer una excepción. ¿Me noto ronco y cansado en una gira? ¡Iré al médico cuando acabe!

He perdido seis kilos y medio sin intentarlo. Por fin delgado. Pero no me siento más ligero porque caminar hasta el frigorífico es una marcha forzada. Por otra parte, las pústulas de la psoriasis/eccema que ningún médico podía tratar también han desaparecido. Debo de estar tomando una toxina impresionante. Y una bendición para dormir... pero en cierto modo todas las ayudas para dormir y las siestas felices parecen una forma de desperdiciar la vida: hay mucho tiempo futuro para estar inconsciente.

Los hombres solícitos con el oxígeno, la camilla y la ambulancia deportándome amablemente al otro lado de la frontera de los sanos, en otro país.

El extraño hurgaba en mi interior cuando yo escribía unas palabras desenfadadas sobre el anuncio prematuro de mi muerte.

Ahora hay tantos homenajes que parece que los rumores sobre mi VIDA son tremendamente exagerados. He vivido para ver la mayoría de las cosas que se van a escribir sobre mí: es emocionante, pero produce rendimientos decrecientes cuando me doy cuenta de que muy pronto será también «información de contexto».

Julian Barnes sobre John Diamond…

À bout de soufflé… Seberg/Belmondo. Curiosa la normalidad con que se dice «sin respiración» o «sin aliento». En [el aeropuerto de] Logan: ¡no puedo respirar! Próxima parada: terminal.

¿Tragedia? Palabra equivocada: Hegel contra los griegos.

Mañana de biopsia, me levanto y digo pase lo que pase este es el último día de mi antigua vida. Ninguna pretensión de juventud nunca más. A partir de ahora una ardua conciencia.

Chiste del *New Yorker* en la sección de necrologías… Me fijaba en las fechas de las muertes de Orwell, Wilde, etcétera. Ahora quizá dure tanto como Evelyn Waugh.

Asombroso cómo han aguantado el corazón, los pulmones y el hígado. Habría estado más sano si hubiera sido más propenso a enfermar.

ORACIÓN: Interesantes contradicciones a expensas de quienes la ofrecen: una trampilla de escape pascaliana demasiado fácil en el lado bueno de la balanza esta vez: ¿qué dios podría ignorar esas súplicas? Por lo mismo: los que dicen que estoy recibiendo un castigo dicen que a dios no se le ocurre nada más vengativo que producirle cáncer a un fumador empedernido.

Sin pelo en la nariz; las fosas nasales moquean. Alternancia de estreñimiento y diarrea…

«El viejo orden cambia, dando lugar al nuevo, y Dios cumple su voluntad de muchas formas y pronto, supongo, seré barrido por algún tumor pequeño y vulgar.»

Hace unos años, a un periodista británico, John Diamond, le diagnosticaron cáncer, y convirtió su enfermedad en una columna semanal. Con acierto, mantuvo el mismo tono alegre que caracterizaba el resto de su trabajo; con acierto, admitió la cobardía y el pánico junto a la curiosidad y un coraje ocasional. Su relato parecía totalmente auténtico: eso era lo que suponía vivir con el cáncer; estar enfermo no te hacía una persona diferente, ni evitaba que te pelearas con tu mujer. Como muchos otros lectores, solía instarle en silencio semana a semana. Pero después de más de un año... bueno, inevitablemente se formaba una expectación narrativa. Eh, ¡cura milagro! Eh, ¡te estaba tomando el pelo! No, ninguna de esas cosas servía como final. Diamond debía morir; y debidamente, correctamente (en términos narrativos), lo hizo. Aunque —¿cómo decirlo?— un crítico literario severo podría quejarse de que su historia carecía de solidez al final...

Tendencia de algunas palabras de conmiseración a sonar involuntariamente finales, por el verbo en pasado o porque las delata algo que tiene un tono de despedida. Mandar flores no es tan agradable como podría parecer.

No lucho ni combato contra el cáncer: él lucha contra mí.

¿Valiente? ¡Ja! Guárdatelo para una pelea de la que no puedas escapar.

Saul Bellow: La muerte es la oscura parte trasera de un espejo que permite que lo miremos con claridad.

Varias sensaciones de sentirme golpeado hacia delante en el tiempo: catapultado hacia la línea de meta. Intentando no pensar con mi tumor, que sería no pensar en absoluto. La gente intenta que parezca que es un EPISODIO en la vida.

ONCOLOGÍA/ONTOLOGÍA: Bajo la vieja dispensación religiosa, el cielo simplemente te ordenaría ser profusamente torturado y *después* ejecutado. Montaigne: «El cimiento más sólido de la religión es el desprecio a la vida».

El miedo lleva a la superstición —aunque «la C mayúscula» parece haberla abandonado— y me alegro de que nadie quiera matar un ejemplar de una especie amenazada en mi nombre.

Solo vale si digo algo objetivo y estoico: Ian señalando que puede llegar un momento en que tenga que dejarme ir; Carol preguntando sobre la boda de Rebecca. «¿Te da miedo no volver a ver Inglatera?»

También expresiones corrientes como «fecha de caducidad»… ¿sobreviviré a mi American Express? ¿A mi carnet de conducir? La gente dice: Voy a la ciudad el viernes, ¿estarás por ahí? ¡QUÉ PREGUNTA!

PIES FRÍOS (por el momento solo de noche): «neuropatía periférica» es otra de esas palabras que expresan la muerte en vida del sistema.

Y pierdes peso, pero el cáncer no está interesado en comerse tus michelines. Quiere tu músculo. La dieta de Villa Tumor tampoco ayuda mucho.

Lo peor de todo es el «quimiocerebro». Apagado, entumecido. ¿Y si esta tortura prolongada y profusa es solo el preludio de una ejecución truculenta?

El cuerpo pasa de ser un amigo fiable a alguien neutral y luego un enemigo traicionero... ¿Proust?

Si me convierto será porque es preferible que muera un creyente a que lo haga un ateo.

Ni siquiera una carrera para una cura...

Burocracia, la maldición de Villa Tumor...

La tristeza de verse a uno mismo en antiguos vídeos o YouTube...

La «revelación gradual» todavía no es un problema para mí.

El libro *Man to Man*, de Michael Korda...

Puedes estar tan habituado a las malas noticias que las buenas noticias son como Breytenbach y el pastel. La consolación de decir bueno, al menos no tendré que hacer ESO.

Larkin es bueno sobre el miedo en «Albada», con reproches implícitos a Hume y Lucrecio por su estoicismo. Justo en cierto modo: los ateos tampoco deberían ofrecer consuelo.

La banalidad del cáncer. Todo un lazareto de efectos secundarios. Especialidad del día.

Ver el poema de Szymborska sobre la tortura y el cuerpo como un piélago de dolor.

De la intrincada novela que Alan Lightman publicó en 1993, *Sueños de Einstein*; sucede en Berna en 1905:

> Con la vida infinita llega una lista infinita de parientes. Los abuelos nunca mue-

ren, ni los abuelos, las tías abuelas… y así, generaciones atrás, todas vivas y brindando consejos. Los hijos nunca escapan de la sombra de sus padres. Ni las hijas de la de sus madres. *Nadie llega nunca a ser él mismo…* Ese es el coste de la inmortalidad. Ninguna persona está completa. Ninguna persona es libre.

Epílogo

Carol Blue

En el escenario, era imposible hablar después de mi marido.

Si lo viste alguna vez en la tribuna, quizá no compartas la opinión de Richard Dawkins, que lo consideraba «el mejor orador de nuestro tiempo», pero sabrás lo que quiero decir. O al menos no pensarás: Es normal que lo diga, es su mujer.

Fuera del escenario, era imposible hablar después de mi marido.

En casa o en una de las cenas improvisadas, alegres y ruidosas que duraban ocho horas en las que a menudo ejercíamos de anfitriones, y donde la mesa estaba tan llena de embajadores, periodistas, disidentes políticos, estudiantes universitarios y niños que los codos chocaban y era difícil encontrar sitio para dejar un vaso de vino, mi marido se levantaba para pedir un brindis que podía conducir a veinte minutos emocionantes, fascinantes e histéricamente divertidos de recitado de poesía y *limerick*, una llamada a las armas en defensa de una causa y chistes. «Qué bueno es ser nosotros», decía con su voz perfecta.

Es imposible hablar después de mi marido.

Y, sin embargo, debo hacerlo. Estoy obligada a tener la última palabra.

Era una de esas tardes de comienzos del verano en Nueva York en las que solo puedes pensar en vivir. Era el 8 de junio de 2010, para ser exactos, el primer día de la gira promocional de su libro en Estados Unidos. Corrí tan rápido como pude por la calle Noventa y tres Este, llena de alegría y excitación por verlo con su traje blanco. Estaba deslumbrante. También estaba muriéndose, aunque todavía no lo sabíamos. Y no lo sabríamos con certeza hasta el día de su muerte.

Ese mismo día había hecho una pausa entre las presentaciones de su libro para ir a un hospital porque pensaba que estaba sufriendo un ataque al corazón. Cuando lo vi de pie junto al escenario de la calle Noventa y dos, y esa tarde, él y yo —y solo nosotros— sabíamos que podía tener cáncer, nos abrazamos en una sombra que solo nosotros vimos y decidimos adoptar una actitud desafiante. Estábamos eufóricos. Me levantó y nos reímos.

Fuimos al teatro, donde él conquistó un nuevo público. Logramos pasar por una cena jubilosa en su honor y emprendimos un paseo de regreso a nuestro hotel en la perfecta noche de Manhattan, recorriendo más de cincuenta manzanas. Todo era como debía ser, pero no lo era. Vivíamos en dos mundos. El viejo, que nunca había parecido más hermoso, todavía no había desaparecido; y el nuevo, del que no conocíamos nada excepto el miedo que producía, aún no había llegado.

El nuevo mundo duró diecinueve meses. Durante ese tiempo que él denominó «vivir muriéndome», insistió ferozmente en seguir viviendo, y su constitución, tanto física como filosófica, hizo todo lo posible para continuar viva.

Christopher pretendía estar entre el 5 y el 20 por ciento de quienes podían curarse (las probabilidades dependían de los médicos con quienes hablábamos y de cómo interpretaban los escáneres). Sin engañarse nunca a sí mismo sobre su condición médica, y sin permitir que yo albergase falsas ilusiones sobre sus posibilidades de supervivencia, respondía a cada fragmento de buenas noticias clínicas y estadísticas con una esperanza radical e infantil. Su voluntad de mantener su existencia intacta, de permanecer comprometido con su vehemencia extraordinaria, era impresionante.

El Día de Acción de Gracias era su fiesta preferida y observé admirada cómo, aunque estaba débil por los efectos de la quimioterapia, organizaba una gran reunión familiar en Toronto con todos sus hijos y su suegro en la víspera de un importante debate sobre la religión con Tony Blair. Era una celebración orquestada por un hombre que esa noche me dijo en la suite del hotel que probablemente ese sería su último Día de Acción de Gracias.

No mucho antes, en Washington, en una tarde de veranillo de San Martín soleada y apacible, convocó emocionado a su familia y los amigos que solían visitarlo para hacer una excursión a la exposición sobre los orígenes del hombre en el Museo de Historia Natural, en la que lo vi salir corriendo de un taxi y subir las escaleras de granito para vomitar en una papelera, antes de conducir a su público por las galerías, e impresionarnos extraordinariamente con los logros de la ciencia y la razón.

Christopher nunca perdió su carisma, en ningún terreno: ni en público, ni en privado, ni siquiera en el hospital. Convirtió su estancia en una fiesta, transformando la habitación esterilizada, fría, con fluorescentes, llena de zumbidos, pitidos e iluminación intermitente en un estudio y en un salón. Su conversación ingeniosa no cesaba nunca.

Las interrupciones constantes, las exploraciones y los pinchazos, la toma de muestras, los tratamientos de respiración, el cambio de goteros: nada le impedía ser el centro de atención, expresar una opinión, desarrollar un argumento o hacer un chiste para sus «invitados». Escuchaba y sonsacaba, y nos hacía reír a todos. Siempre pedía o comentaba otro periódico, otra revista, otra novela, otro ejemplar para la prensa. Nos poníamos en torno a su cama y nos reclinábamos en sillas tapizadas de plástico mientras él nos convertía en participantes de sus discursos socráticos.

Una noche tosía sangre y lo trasladaron a la UCI para hacerle una broncoscopia urgente. Yo alternaba: lo vigilaba y dormía en una silla convertible. Yacíamos uno junto al otro en camas individuales. En un momento determinado los dos nos despertamos y empezamos a parlotear como niños que duermen fuera de casa. En ese momento, era lo mejor que podíamos tener.

Cuando volvió de someterse a la broncoscopia, después de que el médico le dijera que el problema que tenía en la tráquea no era el cáncer sino una neumonía, seguía intubado pero garabateaba ávidamente notas y preguntas sobre cualquier asunto concebible. Guardé las páginas de papel en las que escribía su parte de la conversación. Hay frases cariñosas y un dibujo que hizo en lo alto de la primera página y después:

«¿Neumonía? ¿De qué tipo?»

«¿Estoy curado del cáncer?»

«Es difícil recordar el dolor, ahora mismo, entre cuatro y cinco.»

«Preguntó por los niños y por mi padre.»

«¿Cómo está Edwin? Dile que he preguntado.»

«Me preocupo por él.»

«Porque le quiero.»

«Quiero oírle.»

Un poco más abajo escribió lo que quería que le trajera de nuestro hogar temporal en Houston:

«Libros de Nietzsche, Mencken y Chesterton. Y todo tipo de trozos de papel… Quizá en una sola bolsa de viaje. ¡Mira en los cajones! Mesilla de noche, etcétera. En el piso de arriba y el de abajo.»

Esa noche un amigo querido de la familia llegó de Nueva York y estaba en la habitación cuando, en uno de sus interludios nocturnos de desvelo y energía, Christopher mostró una sonrisa abierta y amplia en torno al tubo que todavía bajaba por su garganta y escribió en su sujetapapeles:

«Me quedo [en Houston] hasta que me cure. Y después llevaré a nuestras familias de vacaciones a las Bermudas.»

A la mañana siguiente, después de que le quitaran el tubo, entré en su habitación y lo encontré ofreciéndome su sonrisa de zorro.

«¡Feliz aniversario!», gritó.

Vino una enfermera con un pequeño pastel blanquecino, platos de papel y tenedores de plástico...

Otro aniversario de boda. Estamos leyendo el periódico en la terraza de nuestra suite, en un hotel de Nueva York. Es un impecable día de otoño. Nuestra hija de dos años está sentada feliz junto a nosotros, bebiendo un biberón. Se baja de la silla y se acuclilla, inspeccionando algo en el suelo. Se saca el biberón de la boca, me llama y señala un abejorro grande e inmóvil. Está alarmada y mueve la cabeza de arriba abajo, como si dijera: «¡No, no, no!».

«La abeja se ha parado —dice. Después da una orden—: Haz que empiece.»

Entonces ella creía que yo tenía el poder de reanimar a los muertos. No recuerdo qué le dije de la abeja. Lo que recuerdo son las palabras «Haz que empiece». Christopher la sentó en sus rodillas, la consoló y la distrajo cambiando de tema con su habitual humor. Lo mismo que haría, con todos sus hijos, muchos años después, cuando estaba enfermo.

Echo de menos su voz perfecta. La oigo día y noche, noche y día. Echo de menos las primeras vibraciones alegres de cuando se despertaba; las bajas octavas de «su voz de mañana», cuando me leía los fragmentos de los periódicos que lo escandalizaban o lo divertían; los registros complacidos o irritados (más bien irritados) cuando lo interrumpía mientras leía; los tonos de riff de jazz con los que hablaba en la radio desde el teléfono de la cocina mientras preparaba la comida; su saludo agudo y gorjeante cuando nuestra hija llegaba a casa del colegio; y su parloteo relajante y *pianissimo* cuando se retiraba a altas horas de la noche.

Echo de menos, como deben de hacer sus lectores, su voz de escritor, su voz en la página. Echo de menos al Hitch inédito: las incontables notas que me dejó en la entrada de casa, en la almohada, los correos electrónicos que me mandaba cuando estábamos en distintas habitaciones de nuestro apartamento o en nuestra casa de California y los correos electrónicos que me enviaba cuando estaba fuera. Echo de menos sus comunicados manuscritos: sus innumerables cartas y postales (nos remontamos a los tiempos de la epístola), y sus faxes, la emoción de recibir los mensajes instantáneos de Christopher cuando llegaba de un lugar peligroso en otro continente.

La primera vez que Christopher decidió hacer pública su dolencia y escribió sobre su enfermedad en *Vanity Fair*, tenía sentimientos contradictorios. Le preocupaba proteger la intimidad de la familia. Vivía la enfermedad y no quería que terminara abarcándolo todo, no quería que lo definiera. Quería pensar y escribir en una esfera distinta a la enfermedad. Había hecho un pacto con su editor y compinche, Graydon Carter, aceptando que escribiría sobre cualquier cosa salvo deporte, y mantuvo esa promesa. A menudo se había colocado dentro del cuadro, pero ahora era el tema principal de la historia.

Puede parecer que sus últimas palabras de los inacabados apuntes fragmentarios que hay al final de este breve libro se van apagando, pero en realidad las escribió en su ordenador en estallidos de energía y entusiasmo, cuando se sentaba en el hospital, usando su bandeja para la comida como escritorio.

Cuando lo ingresaron en el hospital por última vez, pensamos que sería una estancia breve. Él creía   todos creíamos— que tendría la oportunidad de escribir el libro más extenso que estaba cobrando forma en su cabeza. La genómica y los tratamientos innovadores de terapia de protones a los que fue sometido estimularon su curiosidad intelectual, y lo animaba la perspectiva de que su caso fuese útil para futuros descubrimientos médicos. Le dijo a un amigo editor que esperaba un artículo: «Lamento el retraso, pronto volveré a casa». Me dijo que estaba impaciente por ponerse al día con las películas que se había perdido, y por ver la exposición de Tutankamón en Houston, nuestra residencia temporal.

El final fue inesperado.

En nuestra casa de Washington, saco libros de las estanterías, de las torres de libros del suelo, de los montones de volúmenes que hay encima de las mesas. Tras la cubierta trasera hay notas escritas a mano que tomó para escribir reseñas y para sí mismo. Muchos de sus papeles y notas yacen por todo el apartamento; algunos estaban en la maleta que traje de Houston. En cualquier momento examino nuestra biblioteca o sus notas y lo redescubro y lo recupero.

Cuando lo hago, lo oigo, y él tiene la última palabra. Una y otra vez, Christopher tiene la última palabra.

Junio de 2012,
Washington, D.C.